Gut beraten

Vorzeitig in Rente

Gut beraten

Vorzeitig in Rente

tandem.VERLAG
print line

Autor: Detlef Pohl
Cover: Marlies Müller, Potsdam
Coverfoto: getty images

Printed in EU

ISBN: 978-3-8331-9877-9

Vorwort

»Ich will doch nicht bis zur Rente schuften«. In diesem Anspruch sind sich viele prominente und weniger prominente Deutsche einig. Doch wenn es um die Verwirklichung geht, könnte die Schere zwischen Wunsch und Wirklichkeit kaum größer sein. Zum einen sind Verdienst und Vermögen oft wenig geeignet, den verfrühten Ausstieg aus der Arbeitswelt dauerhaft zu finanzieren. Zum anderen sind die bislang wenigen, die deutlich vor dem 65. Geburtstag aus der Berufstätigkeit ausscheiden, kaum auf die sehr lange arbeitsfreie Zeit danach vorbereitet. Das vordergründige Motiv, es den anderen zu zeigen, dass man sich das Ende der Berufstätigkeit weit vor dem vorgeschriebenen Rentenalter leisten kann, genügt nicht als Triebkraft, sein Leben in den besten Jahren abrupt umzustellen. Zum anderen wird der frühere Einstieg in die Altersrente nicht nur finanziell bestraft, sondern mit jeder Rentenreform auch nach hinten verschoben. Ab Geburtsjahr 1964 ist die Altersrente ohne finanzielle Abstriche erst mit 67 erlaubt. Und schon sprechen Politiker hinter vorgehaltener Hand über eine Rente ab 70.

Grund genug, sich beizeiten mit absehbaren persönlichen und finanziellen Zielen zu beschäftigen, denn Rente ab 60 gilt vielen als lohnendes Ziel. Egal, wie alt Sie heute sind, wie hoch Ihr Einkommen ist oder wie erfolgreich Sie Geld angelegt haben – eines Tages ist der Punkt gekommen, an dem Ihr Geld härter arbeiten muss als jetzt. Dies gilt erst recht, wenn Sie früher in Altersrente wollen als es der Bundesarbeitsminister ohne Verlust erlaubt. Wer den Job also früher an den Nagel hängen will, ohne finanziell merklich kürzer zu treten, muss in seinen berufsaktiven Jahren deutlich mehr verdienen bzw. Vermögen anhäufen als andere. Bei der Vermögensplanung spielt der Konsum eine entscheidende Rolle. Lebenshaltung, Auto, Wohnung, Urlaub und Freizeit sind teure Vergnügen. Der größte Teil des Einkommens wird für den Konsum benötigt. Daraus folgt: Wer es schafft, vom laufenden Einkommen regelmäßig Rücklagen aufzubauen, ohne sich merklich einzuschränken, bildet den Grundstock für späteren Wohlstand. Dazu gibt es in diesem Buch handfeste Tipps. Ein Beispiel: Wer zehn Jahre früher als der Durchschnitt aus dem Berufsleben ausscheiden und sich hinterher an seinem Lebensstandard keine Abstriche gefallen lassen will, sollte bei Geldanlagen wenigstens auf Wachstum setzen und sich nicht aufs Sparbuch verlassen. Längst nicht jedem ist diese Mentalität in die Wiege gelegt; man kann aber mit ein wenig Psychologie nachhelfen, zum entsprechenden Anlageverhalten zu finden.

Denken Sie daran: Jeder kann es zum Millionär bringen, wenn er nur frühzeitig mit systematischem Vermögensaufbau startet. Wer mit 18 beginnt, monatlich einen Hunderter hochrentierlich anzulegen, ist mit 65 Millionär. Wer vernünftigen Umgang mit Geld frühzeitig erlernt, kann im Alltag besser mit den Konsum-Verlockungen umgehen und bei beruflichem Erfolg kaum finanziellen Wohlstand verhindern. Reich wird man nicht ohne Plan. Das heißt nicht, dass Vermögensaufbau ein Dogma ist. Wichtig ist der Glaube an die eigene Kraft. Und der wird mit diesem Buch gestärkt. Viel Spaß also bei der Verwirklichung des Ziels, vorzeitig in Rente zu gehen.

Inhalt

Kapitel 6
Früher in Rente – Wie sieht der Lebensentwurf nun aus?

Kapitel 1
Altersrente – was wichtig ist

Altersrente stellt für die Mehrzahl der Bürger die wichtigste Säule ihrer Altersvorsorge dar. Die jeweilige Höhe richtet sich ganz nach dem individuellen Arbeitsleben und den Lebensumständen. Leider erreicht die Rente in günstigen Fällen bestenfalls noch zwei Drittel des letzten Nettoeinkommens, bei Besserverdienern oft nur 50 Prozent.

Hier erfahren Sie alle entscheidenden Details rund um die Rente und die Konsequenzen bei vorzeitigem Berufsausstieg.

Wann darf ich überhaupt in Rente?

Während früher viele Berufstätige schon mit 60 Jahren gesetzliche Altersrente bekamen, können die meisten inzwischen erst ab 65 mit der vollen Rente rechnen. Geburtsjahrgänge ab 1964 müssen sich sogar noch länger gedulden: Sie haben erst mit 67 Jahren Anspruch auf Altersrente, ohne sich Abzüge wegen vorgezogenem Rentenstart gefallen lassen zu müssen.

Früherer Ruhestand

Derzeit dürfen lediglich noch unter Tage beschäftigte Bergleute (ab ihrem 60. Geburtstag, wobei 25 Jahre »Wartezeit« vergangen sein müssen), Schwerbehinderte (ab ihrem 60. Geburtstag) und langjährig Versicherte (ab ihrem 63. Geburtstag) eher in den Ruhestand. Als Wartezeit gelten auch Zeiten, in denen kein Beitrag gezahlt wurde, etwa bei Arbeitslosigkeit oder Kindererziehung). Außerdem gibt es immer noch zahlreiche Übergangsbestimmungen. In der Praxis sieht es aber so aus, dass Berufstätige im Schnitt mit 60,4 Jahren in Altersrente gehen – dann jedoch mit teils heftigen Abschlägen (siehe Seite 24 f.). 1996 waren Berufstätige im Schnitt noch elf Monate eher in Rente gegangen.

Übergangsregeln mit und ohne Abschlag:

Frauen: Vorzeitige Rente mit 60 wurde bis Ende 2004 abgeschafft. Frauen erhalten erst mit 65 Jahren Altersrente (ab Geburtsjahrgang 1952). Mit 60 können nur noch Frauen (Jahrgänge 1951 und älter) in Rente gehen, die nach dem 40. Geburtstag auf mehr als 10 Jahre Pflichtbeitragszeiten kommen und die Wartezeit von 15 Jahren erfüllt haben (mit lebenslangem Abschlag).

Arbeitslose und Altersteilzeit-Arbeitnehmer: Ab Geburtsjahrgang 1949 gibt es erst mit 63 Jahren Rente (mit lebenslangem Abschlag), früher ab 60. Wer bis 1948 geboren ist, kann zwar mit 60, 61 oder 62 in Altersrente, muss aber mit deutlich höheren Abschlägen rechnen. Vertrauensschutz gibt es nur für Jahrgänge bis 1951, die bereits vor 2004 arbeitslos waren oder gekündigt hatten oder Altersteilzeit vereinbart hatten.

Langjährig Versicherte: Vorzeitige Rente mit mindestens 35 Versicherungsjahren hängt vom Geburtsjahr ab: Sind Sie vor 1949 geboren, liegt die Altersgrenze bei 65 Jahren. Sie können diese Altersrente aber auch – mit einem Abschlag von 7,2 Prozent – ab 63 in Anspruch nehmen. Sind Sie zwischen 1949 und 1963 geboren, wird die Altersgrenze stufenweise angehoben. Sind Sie 1964 oder später geboren, liegt die Altersgrenze erst bei 67. Sie können die Altersrente jedoch auch ab 63 vorzeitig in Anspruch nehmen (14,4 Prozent Abschlag).

TIPP

Informative Broschüren

Details zu Altersgrenzen und Übergangsregelungen nennt insbesondere die Broschüre »Die richtige Altersrente für Sie«, die immer wieder aktualisiert wird und die es kostenlos bei allen Rentenversicherungsträgern gibt. Sie können auch per Internet bestellt oder direkt auf Ihren PC heruntergeladen werden: www.drv-bund.de.

Wann kann ich früher in Rente?

Schwerbehinderte (mindestens 50 Prozent Behinderung) können bereits vor der Regelaltersgrenze ohne Abschlag in Rente gehen. Zunächst gilt: Altersrente für Schwerbehinderte erhält, wer

- bei Beginn der Rente schwerbehindert oder – bei Geburtsjahrgängen 1950 und älter – berufs- oder erwerbsunfähig nach dem bis Ende 2000 geltenden Recht war und
- es auf mindestens 35 Jahre Versicherungszeit (Wartezeit) bringt.

Allerdings kommt es auch hier wieder auf das Geburtsdatum an. Je älter, desto bessere Regelungen sind drin:

Vor 1952 geboren: Altersrente ohne Abschlag gibt es ab 63 Jahren. Vorzeitig ab 60 können Sie mit einem Abschlag von 10,8 Prozent in Rente gehen. Aus Vertrauensschutzgründen können Sie ohne Abschlag ab 60 in Rente gehen, wenn Sie bis zum 16.11.1950 geboren sind und am 16.11.2000 schwerbehindert oder berufs- oder erwerbsunfähig nach dem bis 2000 geltenden Recht waren.

1952 bis 1963 geboren: Die Altersgrenze für Rente ohne Abschlag wird stufenweise angehoben.

1964 oder später geboren: Altersrente für Schwerbehinderte gibt es ohne Abschlag erst mit 65. Vorzeitige Rente ist erlaubt, wird aber mit Abschlag bestraft.

Wieder anders ist die Geburtsdatums-Rechnung, um vorzeitige Altersrente nach längerer Arbeitslosigkeit oder Altersteilzeit zu bekommen. Um hier abschlagsfrei Rente zu erhalten, muss man mindestens 60 Jahre alt sein. Leider steigt dieses Mindestalter seit 2006 für Versicherte, die zwischen 1946 und 1948 geboren sind, in Monatsschritten auf 63 Jahre. Bis Ende 2008 sind diese Monatsschritte endgültig vollendet (siehe Tabelle).

Spätere Altersrente für Arbeitslose bzw. Altersteilzeit-Arbeitnehmer (Auszug)

Geburtsjahr bis...	Rentenbeginn ab		Frühester Rentenstart	Abschlag (%)
	Jahr	+ Monat		
Januar 1947	61	1	März 2008	14,1
Juli 1947	61	7	März 2009	12,3
Januar 1948	62	1	März 2010	10,5
Juli 1948	62	7	März 2011	8,7
Ab Dezember 1948	63	0	Januar 2012	7,2
1949 bis 1951	63	0	63. Geburtstag	7,2

Quelle: DRV-Bund

TIPP

Wer vorgezogene Altersrente erhält

Diese durch den Arbeitsmarkt bedingte vorgezogene Altersrente erhält ohnehin nur, wer vor 1952 geboren wurde und mindestens 60 Jahre alt ist, eine Versicherungszeit von mindestens 15 Jahren vorweisen kann und bei Beginn der Altersrente arbeitslos ist und ab 58,5 Jahren insgesamt 52 Wochen arbeitslos war (oder mindestens 2 Jahre Altersteilzeitarbeit ausgeübt hatte).

Informationen über die vorgezogene Altersrente enthalten die Broschüren »Reha und Rente für schwerbehinderte Menschen« und »Arbeitslos – keine Rentenlücke im Alter«, die Sie kostenlos bei allen Rentenversicherungsträgern erhalten.

Wie viel Rente habe ich zu erwarten?

Derzeit kann ein deutscher »Eckrentner«, das ist ein Rentner, der 45 Jahre gearbeitet hat und im Durchschnitt aller Rentner verdient hat, mit rund 50 Prozent seines Nettoeinkommens als Altersrente rechnen, Tendenz allerdings fallend. Momentan kommen für Leute mit durchschnittlichem Einkommen 1.087 Euro netto an Altersrente heraus (Ost: 956 Euro). Der Begriff Eckrentner geht jedoch davon aus, dass man es auf 45 Arbeitsjahre gebracht hat. Im angespannten Arbeitsmarkt ist der Eckrentner daher eine aussterbende Spezies.

Die meisten Deutschen arbeiten – zum Teil unfreiwillig – heute schon wesentlich kürzer. Fatale Folge: Vier von fünf Rentnern müssen sich im Alter mit Leistungen zwischen 300 und 750 Euro pro Monat bescheiden. Also darf sich niemand ernsthaft auf die gesetzliche Rente im Alter allein verlassen, soll es nicht zu finanziellen Engpässen nach dem Ende der Berufstätigkeit kommen.

Sozialversicherungsabgaben und Steuern abziehen

Die ausgewiesenen Bruttorenten sind zwar deutlich höher. Aber diese Beruhigungspille sollte niemand schlucken, denn es gehen noch Sozialversicherungsabgaben und Steuern ab: Auch als Rentner muss für Kranken- und Pflegeversicherung Beitrag gezahlt werden. Für die gesetzliche Krankenversicherung wird der halbe Beitragsatz fällig (durchschnittlich 8,2 Prozent der monatlichen Rente), für die gesetzliche Pflegeversicherung der volle

Beitragssatz (seit 1.7.2008: 1,95 Prozent der monatlichen Rente; für Rentner, die keine Kinder hatten: 2,2 Prozent). Die Rentenkasse zieht diese Beträge gleich ab und überweist sie an die jeweilige Kranken- bzw. Pflegekasse. Je nach Rentenhöhe sind auch Steuern fällig – im Prinzip aber erst ab rund 1.500 Euro Gesamteinkünften pro Monat, Tendenz fallend.

BEISPIEL

Bruttorente	1.200,00 €
+ Privatrente	150,00 €
- Krankenversicherung (8,2 %)	- 98,40 €
- Pflegeversicherung (1,95 %)	23,40 €
- Einkommensteuern (bis 1.500 € frei)	- 0,00 €
Nettorente	1.228,20 €

TIPP

Rente wird dynamisiert

Theoretisch wird die Rente jedes Jahr dynamisiert – in Abhängigkeit von der Lohnentwicklung. Dies führte jedoch 2004 bis 2006 zu Nullrunden, und auch 2007 lag die Erhöhung von 0,54 Prozent deutlich unterhalb der Inflationsrate. Zum 1.7.2008 gab es eine Erhöhung von 1,1 Prozent, die aus den geringen finanziellen Reserven der gesetzlichen Rentenversicherung bezahlt werden musste. Zum 1.7.2009 stieg die Rente um 2,3 Prozent.

Wie sicher ist die Rente?

Seriöse Prognosen gehen davon aus, dass sie keine Rundum-Versorgung mehr fürs Alter bietet. Schon heute arbeiten nur noch etwa 48 Prozent der über 55-Jährigen. Zudem hat sich die Rentenbezugszeit in den vergangenen 40 Jahren von 10 auf 17 Jahre deutlich erhöht. Für 2030 ist von der Bundesregierung nur noch ein Rentenniveau von 43 Prozent des letzten Bruttoeinkommens vorgesehen.

Rente ab 67 – bin ich davon betroffen?

Derzeit erwirbt man in der Regel den Anspruch auf Altersrente ab dem 65. Geburtstag. Ab 2012 wird jedoch schrittweise das Rentenalter von heute 65 auf 67 Jahre erhöht. Die Umstellung soll bis 2029 vollzogen sein. Folge: Lediglich langjährig Versicherte mit mindestens 45 Pflichtbeitragsjahren können dann weiter mit 65 ohne Abschläge in Rente gehen. Im Jahr 2029 wird der erste Geburtsjahrgang erst mit 67 volle Rente erhalten – oder bei früherem Ruhestand Abzüge in Kauf nehmen müssen. Als erster Jahrgang sind die 1947 geborenen betroffen, die mit 65 Jahren und einem Monat Rente bekommen. Der Geburtsjahrgang 1958 erhält dann erst mit 66 Jahren Regelaltersrente; ab Jahrgang 1964 (und jünger) gibt es erst mit 67 Jahren volle Altersrente.

Anhebung der Regelaltersgrenze					
Geburtsjahr	Anhebung um … Monate	Rentenstart mit … Jahren + … Monate(n)	Geburtsjahr	Anhebung um … Monate	Rentenstart mit … Jahren + … Monate(n)
1947	1	65 + 1	1956	10	65 + 10
1948	2	65 + 2	1957	11	65 + 11
1949	3	65 + 3	1958	12	66
1950	4	65 + 4	1959	14	66 + 2
1951	5	65 + 5	1960	16	66 + 4
1952	6	65 + 6	1961	18	66 + 6
1953	7	65 + 7	1962	20	66 + 8
1954	8	65 + 8	1963	22	66 + 10
1955	9	65 + 9	Ab 1964	2 Jahre	67

Rentenkürzung

De facto ist dies eine Rentenkürzung, zumal der Arbeitsmarkt die verlängerte Lebensarbeitszeit nicht hergibt. Diese harte Wirklichkeit hat so gar nichts mit den Wünschen der aktuell Erwerbstätigen zu tun: Sie wollen nach wie vor im Schnitt mit 59 Jahren in Rente gehen, ergab das jährlich vorgenommene Ruhestands-Barometer eines großen Versicherungskonzerns. Als realistisch sehen die Erwerbstätigen den eigenen Renteneintritt allerdings erst mit 64 Jahren an. Im internationalen Vergleich sind es die Deutschen und die Amerikaner, die glauben, am längsten arbeiten zu müssen.

Arbeiten bis zum 67. Lebensjahr

Die meisten Deutschen werden jedoch bis 67 arbeiten müssen, um von der Altersrente halbwegs leben zu können. Wer nach 45 Berufsjahren mit 67 in Rente geht, erhält nach aktuellen Berechnungen rund 65 Prozent seines letzten Nettoeinkommens als Rente. Steigt er schon mit 63 aus, so bleiben ihm nur noch 50 Prozent des letzten Nettoeinkommens.

TIPP

Anspruch auf Beschäftigung bis 67
Arbeitnehmer haben nach der Gesetzesänderung Anspruch auf Beschäftigung bis 67. Niemandem kann also vorher aus Altersgründen gekündigt werden.

Gehöre ich zu den anderen Ausnahmen, die schon früher Rente bekommen?

Von schweren gesundheitlichen Handicaps, Bergleuten und Langzeitarbeitslosigkeit abgesehen, wird es immer schwerer, vor dem Regelalter von 65 Jahren (ab 2012: 67 Jahre) gesetzliche Altersrente zu kassieren. Am ehesten schaffen dies noch so genannte besonders langjährig Versicherte. Das sind Menschen, die es auf 35 Jahre versicherungspflichtige Beschäftigung gebracht haben. Zur Belohnung dürfen sie schon ab ihrem 63. Geburtstag statt erst mit 65 in den Ruhestand. Die Regelung verschlechtert sich permanent und richtet sich vor allem nach dem Geburtsjahr (siehe Tabelle auf Seite 23):

- Sind Sie vor 1949 geboren, liegt die Altersgrenze bei 65 Jahren. Sie können diese Altersrente aber auch – mit einem Abschlag von 7,2 Prozent – ab 63 in Anspruch nehmen.
- Sind Sie zwischen 1949 und 1963 geboren, wird die Altersgrenze stufenweise bis 67 Jahre angehoben.
- Sind Sie 1964 oder später geboren, liegt die Altersgrenze erst bei 67. Sie können die Altersrente jedoch auch ab 63 vorzeitig in Anspruch nehmen (14,4 Prozent Abschlag).

Vertrauensschutz

All diese Verschlechterungen lassen sich für manche Betroffene durch ein Zauberwort aus der Welt schaffen: Vertrauensschutz.

Wenn Sie vor dem 1.1.1955 geboren sind und vor dem 1.1.2007 mit Ihrem Arbeitgeber Altersteilzeit vereinbart haben, können Sie aus Vertrauensschutzgründen weiterhin mit 65 Jahren ohne Abschlag in die Altersrente für langjährig Versicherte gehen. Nehmen Sie die Altersrente vorzeitig ab 63 in Anspruch, müssen Sie einen Abschlag in Höhe von 7,2 Prozent in Kauf nehmen. Für einige Geburtsjahrgänge besteht aber die Möglichkeit, die Rente sogar schon vor dem 63. Lebensjahr zu beziehen. Um in diesen Genuss kommen zu können, müssen Sie allerdings vor dem 1.1.2007 mit Ihrem Arbeitgeber Altersteilzeit vereinbart haben.

Künftige Altersgrenze auf 67 auch für langjährig Versicherte

Jahrgang	Verlängerung Berufs-Tätigkeit um ... Monate	Künftiger Rentenbeginn	Abschlag bei Renten-Start mit 63 (Prozent)
01/1949	1	65 + 1	7,5
02/1949	2	65 + 2	7,8
03-12/1949	3	65 + 3	8,1
1950	4	65 + 4	8,4
1951	5	65 + 5	8,7
1952	6	65 + 6	9,0
1953	7	65 + 7	9,3
1954	8	65 + 8	9,6
1955	9	65 + 9	9,9
1956	10	65 + 10	10,2
1957	11	65 + 11	10,5
1958	12	66	10,8
1959	14	66 + 2	11,4
1960	16	66 + 4	12,0
1961	18	66 + 6	12,6
1962	20	66 + 8	13,2
1963	22	66 + 10	13,8
ab 1964	24	67	14,4

Welche Nachteile muss ich bei vorzeitiger Rente fürchten?

Wer in Rente geht, ehe es ihm eigentlich zusteht, muss sich für jeden Monat früher als erlaubt 0,3 Prozent Abzug von seiner eigentlichen Rente gefallen lassen – und zwar lebenslang. Das bedeutet: Auch wenn Sie dann irgendwann 65 bzw. 67 Jahre alt sind, bleibt es bei den Abzügen – umgerechnet 3,6 Prozent für jedes Rentenjahr vor Erreichen der so genannten Regelaltersgrenze.

Früherer Ruhestand drückt die Rente

Renten-beginn	Entgelt-punkte[1]	Anspruch[2]	Abschlag[3]	Altersrente
65	46	1.208,42	–	1.208,42
63	44	1.155,88	83,223	1.072,66

1 nur als Beispiel

2 auf Basis des Rentenwerts 2008 (West) von 26,27 Euro pro Entgeltpunkt (Angabe in Euro)

3 Abschlag in Höhe von 7,2 % für zwei Jahre (0,3 Prozent x 24 Monate)

Freiwillige Beitragszahlungen

Solche Abschläge können durch freiwillige Beitragszahlungen ausgeglichen werden. Dies kommt jedoch vergleichsweise teuer (Nachzahlung = abgezogene Entgeltpunkte x Beitragssatz x Durchschnittsentgelt : Zugangsfaktor). Die Rentenversicherung selbst empfiehlt dazu: Sie müssen mindestens 54 Jahre alt sein und gegenüber der Rentenversicherung erklären, Ihre Altersrente vorzeitig beziehen zu wollen. Dies bedeutet im Alter von 54 Jahren aber praktisch die Höchststrafe. Beispiel: Ein Arbeitnehmer (Jahrgang 1964) hat in der Regel erst mit 67 Jahren Anspruch auf Altersrente. Würde er schon mit 54 vorzeitige Rente beantragen, so gingen ihm 13 Jahre verloren. Macht alles in allem 46,8 Prozent Abschlag von der Rente – lebenslänglich. Hinzu käme, dass ihm 13 Jahre Beitragszahlungen fehlen, die zusätzlich die Rente zusammenschmelzen lassen. Da klingt es wie eine Farce, wenn die gesetzliche Rentenversicherung eine Beratung verspricht, ob sich die zusätzliche Zahlung von Beiträgen auch wirklich lohnt. »Kunden erhalten eine ausführliche Beratung – auch unter Beachtung der Rendite.«

BEISPIEL

Eine Frau (Jahrgang 1950) kann noch vorgezogene Altersrente ab 60 bekommen. Sie büßt jedoch lebenslang 18 Prozent der Rente ein (60 Monate x 0,3 Prozent). Übrigens: Berechnet wird der Abschlag auf Basis des Rentenanspruchs, der bis zu dem Tag erworben wurde, an dem die Frührente tatsächlich beginnt. Unterm Strich ist die Einbuße aber größer als die jeweilige Prozentzahl, weil ja bis 65 bzw. 67 Jahre durch die Frührente noch mehrere Jahre Beitragszeiten fehlen (siehe Tabelle).

TIPP

Ausgleichszahlungen lohnen sich selten

Laut Stiftung Warentest lohnen sich Ausgleichszahlungen nur selten, insbesondere nicht für Singles, Kinderlose und Witwen. Wer Ausgleichszahlungen leistet, es sich aber später anders überlegt und doch bis 65 bzw. 67 durcharbeitet, bekommt den Ausgleichsbetrag nicht zurück. Der Ausgleichsbetrag zählt jedoch als Rentenbeitrag und erhöht dann die Altersrente.

Aktueller Stand meiner Rente – wer rechnet ihn mir aus?

Um schon während der Berufstätigkeit einen Eindruck von der späteren Rentenhöhe zu bekommen, verschicken die Versicherungsträger seit 2005 unaufgefordert einen jährlichen Kontoauszug (»Renteninformation«). Voraussetzung: Man hat schon mindestens fünf Jahre Rentenbeitrag eingezahlt und ist 27 Jahre alt. Die Information kann natürlich nur einen Überblick bis ins laufende Jahr und eine Schätzung des nächstfolgenden Jahres bieten. Dabei wird mit dem Durchschnitt der letzten fünf Jahre hochgerechnet. Für jedes künftige Jahr bis zum Beginn der Altersrente kommen aber weitere Ansprüche hinzu. Wie viel das noch sein wird, hängt von der Zahl der Rentenbeitragsjahre ab, die noch verbleiben, und von der Höhe des zukünftigen Verdienstes.

TIPP

Kontoauszug informiert über Erwerbsminderungsrente

Darüber informiert der Kontoauszug jedes Jahr aufs Neue. Er enthält übersichtlich auf zwei A4-Seiten die aktuelle Höhe der Erwerbsminderungsrente, der aktuellen Anwartschaft auf Altersrente sowie der Altersrente, falls bis 65 weiterhin so viel Beitrag eingezahlt wird wie im Durchschnitt der letzten fünf Jahre. Leider sind die genannten Beträge illusorisch hoch. Denn der jährliche Kontostand suggeriert, dass die ausgedruckte Summe quasi netto zur Verfügung stehen wird. Lediglich auf den Abzug der Beiträge für die gesetzliche Kranken- und Pflegeversicherung wird hingewiesen. Dabei handelt es sich allenfalls um die Vorschau der Bruttorente auf ein Jahr im Voraus. Weitere Prognosen in die Zukunft – Fehlanzeige (siehe Tabelle).

Was in der Renteninformation steht

Inhalt	Beispiel
Zeitraum der erfassten Beitragsjahre und -zeiten	30.09.72 bis 31.12.07
Rente wegen voller Erwerbsminderung	548,24 Euro
Höhe der künftigen Altersrente	442,54 Euro
Wachstum der Altersrente (Hochrechnung 5 Jahre)	564,49 Euro
Rentenanpassung (+ 1 %)	650 Euro
Rentenanpassung (+ 2 %)	760 Euro
Erhaltene Beiträge von Ihnen	13.139,55 Euro
Erhaltene Beiträge von Ihrem Arbeitgeber	13.588,65 Euro
Erhaltene Beiträge von öffentlichen Kassen (BA)	2.715,56 Euro
Entgeltpunkte	19,266

Phantasievolle Hochrechnungen

Auch die Inflation wird nicht berücksichtigt. Dabei sind 1.000 Euro Rente in 30 Jahren nur noch 630 Euro wert. Dazu gibt es in der Renteninformation zwar einen Warnhinweis, aber keine verringerte Endsumme. Dabei wäre es ein leichtes, auf das Jahr des Rentenbeginns zum Beispiel 2,0 Prozent Inflation pro Jahr abzurechnen.

Seit Ende Mai 2006 verschickt die gesetzliche Rentenversicherung Renteninformationen ohne phantasievolle Hochrechnungen mit tollen jährlichen Rentensteigerungen. Es wird lediglich mit durchschnittlichen Rentensteigerungen von 1,0 Prozent (Jahrgänge 1947 bis 1951) bzw. 2,0 Prozent (Jahrgang 1952 und jünger) ausgegangen. Für die Jahrgänge 1946 und älter wird gar keine Dynamisierung mehr ausgewiesen (Null-Variante).

Wie realistisch ist es, bei vorzeitigem Ausstieg mit dem Geld auszukommen?

Gehen wir vom künftigen Normalfall aus: Wer heute 44 Jahre alt oder jünger ist, erhält in aller Regel erst mit 67 Jahren Altersrente. Die Geburtsjahrgänge ab 1964 werden den so genannten Nachholfaktor, der zur Dämpfung künftige Rentenanpassungen in die allgemeine Rentenberechnungsformel eingearbeitet worden ist, also stärker spüren als ältere Geburtsjahrgänge. Seriöse Berechnungen gehen davon aus, dass die ersten Betroffenen ab 2012, die nach 45 Berufsjahren mit 67 in Rente gehen, rund 65 Prozent ihres letzten Nettoeinkommens als Rente bekommen. Steigt er nach 45 Berufsjahren schon mit 63 aus, so bleiben nur noch 50 Prozent des letzten Nettoeinkommens. Viele Deutsche kommen aber längst nicht mehr auf 45 Berufsjahre mit rentenversicherungspflichtiger Beschäftigung und müssen sich so mit weniger Altersrente begnügen. Fazit: Die meisten Deutschen werden künftig bis 67 arbeiten müssen, um von der Altersrente halbwegs leben zu können.

Trügerische Sicherheit

In der jährlichen Renteninformation sind Bruttorenten ausgewiesen, die zwar deutlich höher als die Nettoeinkünfte sind, aber Versicherte in trügerische Sicherheit wiegen, denn es gehen noch Beiträge für die Kranken- und Pflegeversicherung sowie Steuern ab. Existieren zudem weitere Einkünfte, etwa aus Mieten oder Kapitalerträgen, können schnell die steuerlichen Freibeträge überschritten sein, sodass netto noch weniger Altersrente übrig bleibt.

Für 2030 hat die Bundesregierung nur noch ein Rentenniveau als Ziel, das 43 Prozent des letzten Nettoeinkommens der Arbeitnehmer beträgt. Davon werden viele kaum üppig leben können, wenn sie bis 67 arbeiten. Noch viel mehr Leute werden aber darben müssen, wenn sie bei diesem Rentenniveau vorzeitig Altersrente mit 65 oder 63 Jahren anstreben.

TIPP

Private oder betriebliche Vorsorge

Heute arbeiten nur noch etwa 48 Prozent der über 55-Jährigen. Zudem hat sich die Rentenbezugszeit in den vergangenen 40 Jahren von 10 auf 17 Jahre deutlich erhöht. Das belastet die Rentenkassen, zumal immer weniger Beitragszahler »nachwachsen«. Das bedeutet im Klartext: Wer sich vorzeitig in die Altersrente verabschieden will, muss sich das auch leisten können. Dazu ist zusätzliche private oder betriebliche Vorsorge unerlässlich (siehe Tabelle).

Was private und betriebliche Vorsorge bringt

Anlageform	Rendite-Erwartung[1]	
	vor Steuern	nach Steuern und Sozialversicherung
Riester-Rentenversicherung	5,0	4,0
Private Rentenversicherung	3,9	4,1
Betriebsrente (Entgeltumwandlung)[2]	4,4	3,62
Pfandbrief	5,0	3,753
Sparplan mit Bundesschatzbriefen[3]	3,75	2,81

1 Single, 4.500 Euro Bruttoeinkommen; 2 gesetzlich kranken- und pflegeversicherte Rentner zahlen rund 10 Prozent Sozialversicherungsbeitrag auf ihre Rente; 3 bei 25 Prozent Abgeltungssteuer ab 2009

Teilzeit-Job vor 65 bzw. 67 – kann ich damit meine Rente wirklich aufbessern?

Wer schon vor dem Alter von 65 bzw. künftig 67 Jahren Anspruch auf die volle Rente hat, aber noch arbeiten möchte, darf nur sehr wenig hinzuverdienen oder muss sich Abstriche an der vollen Rente gefallen lassen. Ungestraft darf man als Rentner unter 65 (künftig 67) höchstens 400 Euro hinzuverdienen (Stand: 1.1.2008). Innerhalb eines Jahres darf diese Grenze höchstens in zwei Monaten und maximal um das Doppelte überschritten werden (also höchstens 800 Euro).

Das attraktive Ziel, früh in Rente zu gehen und je nach Lust und Laune noch etwas zu jobben, ist durch den Gesetzgeber angesichts der niedrigen Summe kaum erreichbar.

Umwandlung der Rente in Teil-Rente

Denn ist die Arbeit einträglicher, so wird sofort die volle Rente in eine Teil-Rente umgewandelt. Je nach Arbeitseinkommen werden dann nur ein Drittel, die Hälfte oder zwei Drittel der vollen Rente ausgezahlt; der Rest verfällt.

TIPP

Einkommensgrenzen für Hinzuverdienst

Je geringer der ausgezahlte Rentenanteil, desto größer die Beträge, die Sie hinzuverdienen dürfen. Die groben Einkommensgrenzen, bei denen Hinzuverdienst die Rente nicht schmälert (siehe Tabelle auf Seite 31).

So viel dürfen Teil-Rentner dazuverdienen[1]

Höhe der Rente	Erlaubter Brutto-Hinzuverdienst bei Bruttoeinkommen vor der Regelaltersgrenze von rund…		
Alte Bundesländer			
	… 450 Euro	… 2.450 Euro	… 5.150 Euro
volle Rente	bis 400	bis 350	bis 350
2/3-Rente	458	917	1.738
1/2-Rente	685	1.372	2.600
1/3-Rente	913	1.826	3.462
Neue Bundesländer			
	… 440 Euro	… 2.050 Euro	… 4.320 Euro
volle Rente	bis 400	bis 350	bis 350
2/3-Rente	403	806	1.524
1/2-Rente	602	1.206	2.279
1/3-Rente	802	1.606	3.035

1 Grenzen gelten nur bis zum 65. Geburtstag (künftig bis 67); danach kann unbeschränkt hinzuverdient werden

So lesen Sie Tabelle: Ein früherer Durchschnittsverdiener aus Köln, der vor Rentenbeginn rund 2.450 Euro brutto verdiente, erhält nur eine 2/3-Rente, wenn er bis 917 Euro brutto pro Monat hinzuverdient. Verdient er noch etwas mehr dazu, bekommt er nur noch eine 1/2-Rente.

Hinzuverdienstgrenze

Die monatliche Hinzuverdienstgrenze beträgt bei einer Vollrente für ganz Deutschland seit 2008 einheitlich 400 Euro brutto. Dies entspricht einem Siebtel der monatlichen Bezugsgröße. Bei Änderung der Bezugsgröße ändert sich daher auch die Hinzuverdienstgrenze. Die Hinzuverdienstgrenzen für Teilrenten richten sich unter anderem nach dem Verdienst vor Beginn der Altersrente und nach der Region (Ost oder West).

Hinzuverdienstgrenzen gibt es nicht nur bei der Altersrente, sondern auch bei der Invaliditäts- und Hinterbliebenenrente.

Welchen Vorteil bietet ein Teilzeit-Job erst ab 65 bzw. 67?

Kurz gesagt: Ab 65 Jahren können Altersrentner unbegrenzt hinzuverdienen und bekommen doch immer die volle Altersrente (künftig erst ab 67). Das Thema Teil-Rente ist dann ein für alle mal vom Tisch. Wer bei guter Gesundheit ist, in diesem hohen Erwerbsalter noch über einen Arbeitsplatz verfügt und auch nicht durch Tarif- oder Firmenregeln daran gehindert ist, über die normale Altersgrenze hinaus zu arbeiten, hat die Wahl:

Konsequenzen der Berufstätigkeit über 65 hinaus

- *Weiterhin volle Arbeitszeit:* Dann läuft der Job weiter wie bisher und die Altersrente wird auf später verschoben. Belohnung: Für jeden Monat der späteren Inanspruchnahme der Altersrente gibt es 0,5 Prozentpunkte (6 Prozentpunkte pro Jahr) mehr Rente. Sie müssen dann weiter Rentenversicherungsbeiträge zahlen, sodass der Rentenanspruch weiter steigt. Steuern sind weiter wie bisher vom Arbeitnehmer zu zahlen.
- *Verkürzte Arbeitszeit:* Dann wird trotz der Chance auf Regelaltersrente noch teilweise gearbeitet und damit noch ein Teilzeiteinkommen erzielt. Sie erhalten die volle Altersrente abzüglich der Beiträge für Kranken- und Pflegeversicherung sowie individuell Einkommensteuer. Liegt das Teilzeit-Einkommen über 400 Euro pro Monat, so sind auch dafür Steuern und Sozialversicherung fällig.

- *Keine Arbeitszeit*: Dann gibt es die volle Rente, abzüglich der Beiträge für Kranken- und Pflegeversicherung sowie der Einkommensteuer, die übrigens nie direkt von der Rente abgezogen, sondern gegebenenfalls im Rahmen der Einkommensteuererklärung nachträglich erhoben wird.

Einbußen bei Berufstätigkeit über Regelaltersgrenze

Wenn jemand über die Regelaltersgrenze hinaus arbeitet und zudem Anspruch auf weitere Renten hat, muss er mit massiven Einbußen bei diesen Renten rechnen, falls er weiter berufstätig bleibt. Beispiel Hinterbliebenenrente: Gezahlt werden überwiegend 60 Prozent von den Rentenansprüchen des verstorbenen Ehepartners (bei Witwen unter 45 ohne Kind unter 18 Jahren nur 25 Prozent).

Anteilige Witwenrente

Hinterbliebene mit eigenem Einkommen erhalten aber nur anteilig Witwenrente. Ungefähr dürfen Sie 694 Euro verdienen (im Osten: 610 Euro), ohne dass die volle Witwenrente in Gefahr gerät. Wer mehr verdient, für den gilt: Eigenes Einkommen über den Freibetrag hinaus wird zu 40 Prozent auf die Witwenrente angerechnet. Der Freibetrag gilt nicht nur für Arbeitseinkommen, sondern es werden auch alle anderen Einkünfte wie Kapitalerträge, Miet- oder Pachteinnahmen, private Altersvorsorge-Ansprüche (außer Riester-Verträge) angerechnet. Somit wird die Witwenrente im Zweifel stärker gekürzt.

Es kann sogar passieren, dass keine Hinterbliebenenrente gezahlt wird, wenn zu viel eigenes Einkommen und Vermögen (z. B. Auszahlung einer Lebensversicherung bei Tod des Ehepartners) vorhanden ist.

Geldentwertung – wie wird sie bei der Rente berücksichtigt?

Bei jeder Altersvorsorge sollte die Rechnung (Vermögen) nicht ohne den Wirt (Geldentwertung) gemacht werden. Denn die Inflation lässt sich leider nicht wegdiskutieren. Im Schnitt der letzten zehn Jahre betrug sie zwar nur 1,5 Prozent, doch 2008 liegen wir stellenweise bei 3 Prozent mit steigender Tendenz. Im langfristigen Mittel sollten daher 2 Prozent Inflationsrate unterstellt werden, um für das Rentenalter eine realistische Beurteilung der Kaufkraft zu bekommen.

Fakt ist: Bei 1,5 Prozent Inflation sind 100 Euro Monatsrente in 35 Jahren nur noch 49,31 Euro wert. Bei durchschnittlich 3 Prozent Inflation sind es gar nur noch 34,44 Euro Kaufkraft (siehe Tabelle).

Was die Inflation von 100 Euro Rente übrig lässt

Nach … Jahren	Was von 100 Euro übrig bleibt, wenn die Inflation beträgt:		
	2 Prozent	3 Prozent	4 Prozent
1	98,00	97,00	96,00
2	96,04	94,09	92,16
3	94,12	91,27	88,47
4	92,24	88,53	84,93
5	90,39	85,87	81,54
6	88,58	83,30	78,28
7	86,81	80,80	75,14
8	85,08	78,37	72,14
9	83,37	76,02	69,25
10	81,71	73,74	66,48

13	76,90	67,30	58,82
15	73,68	63,33	54,21
17	70,93	59,58	49,96
20	66,76	54,38	44,20
23	62,83	49,63	39,11
25	60,35	46,70	36,04
27	57,96	43,94	33,21
30	54,55	40,10	29,39
33	51,34	36,60	26,00
35	49,31	34,44	23,96

Quelle: map-report Februar 2008

Inflation wird nicht ausreichend beachtet

Leider wird die Inflation in der jährlichen Renteninformation der gesetzlichen Rentenversicherung herunter gespielt: Die Inflation wird nicht konkret beim Versicherten in Heller und Pfennig berücksichtigt. Dabei werden 1.000 Euro heutige Rente in 30 Jahren selbst bei eher geringer Inflationsrate (1,5 Prozent) nur noch 630 Euro wert sein. Dazu gibt es in den Renteninformation einen allgemeinen Warnhinweis, bezogen auf das Alter des Versicherten (hier: 51 Jahre alt): »So werden bei einer Inflationsrate von beispielsweise 1,5 Prozent pro Jahr zu Ihrem 65. Lebensjahr 100 Euro voraussichtlich nur noch eine Kaufkraft nach heutigen Werten von etwa 81 Euro besitzen.«

TIPP

Zwei Prozent Inflationsrate abziehen

Besser wäre es, in der Renteninformation gleich zwei Prozent Inflationsrate abzuziehen. Dies können Sie jedoch mit Hilfe der Tabelle selbst tun. Überschlagen Sie, wie viele Jahre es noch bis zum Renten-Start sind und schauen Sie dann in der Zwei-Prozent-Spalte nach. Zumindest erfahren Sie damit gerundete Werte pro 100 Euro Rente.

Wie viel bleibt nach Steuern netto von der Rente übrig?

Die in der Renteninformation ausgewiesene Rente ist mit Vorsicht zu genießen, selbst wenn man die Inflation abzieht, denn sie ist nur eine Bruttorente. Im Geldbeutel haben die Rentner viel weniger, da sie noch Krankenkassenbeiträge bezahlen (bis zu 10 Prozent) müssen. Zudem sind noch Steuern abzuziehen. Steuerfrei ist derzeit nur eine gesetzliche Rente von etwa 19.000 Euro pro Jahr, Tendenz stark fallend.

Besteuerung der gesetzlichen Altersrente

Die gesetzliche Altersrente unterliegt seit 2005 zu mindestens 50 Prozent der Besteuerung. Dies gilt auch für alle, die bereits vorher Altersrente bezogen hatten. Der steuerpflichtige Teil der Rente wird für jeden neu hinzukommenden Rentnerjahrgang um jährlich 2 Prozent angehoben (bis 2020). Wer 2020 in Rente geht, muss also schon 80 Prozent seiner Rente versteuern. Von 2021 bis 2040 steigt der Besteuerungsanteil für Neurentner jährlich nur noch in 1-Prozent-Schritten, sodass Neurentner ab 2040 die Rente zu 100 Prozent versteuern müssen (siehe Tabelle).

So viel Altersrente wird besteuert

Jahr des Rentenbeginns	Besteuerungsanteil	Jahr des Rentenbeginns	Besteuerungsanteil	Jahr des Rentenbeginns	Besteuerungsanteil	Jahr des Rentenbeginns	Besteuerungsanteil
bis 2005	50	2023	83	2014	68	2032	92
2006	52	2024	84	2015	70	2033	93

2007	54	2025	85	2016	72	2034	94
2008	56	2026	86	2017	74	2035	95
2009	58	2027	87	2018	76	2036	96
2010	60	2028	88	2019	78	2037	97
2011	62	2029	89	2020	80	2038	98
2012	64	2030	90	2021	81	2039	99
2013	66	2031	91	2022	82	2040	100

Dazu ein Beispiel:

Für 2009 liegt der Grundfreibetrag bei 7.664 Euro. Insgesamt könnten bei Rentenbeginn 2009 jedoch bis zu 1.500 Euro Monatsrente steuerfrei bezogen werden. Grund: Neben dem Grundfreibetrag erhöhen weitere Freibeträge den steuerfreien Anteil:

- Arbeitnehmer-Pauschbetrag (102 Euro pro Jahr),
- Pauschbetrag für Sonderausgaben (36 Euro pro Jahr),
- Pauschale für Beiträge zur Kranken- und Pflegeversicherung (bis 1.500 Euro pro Jahr),
- Kosten für Haushaltshilfen (bis 624 Euro pro Jahr),
- Pauschbeträge wegen Behinderung (bis 3.700 Euro pro Jahr),
- Steuerermäßigung wegen Krankheits- und Fahrtkosten zur Behandlung.

Jeder Euro oberhalb der steuerfreien Altersrente wird bei Renten-Start 2009 lebenslang mit 58 Prozent Besteuerungsanteil versehen. Wer etwa auf 1.800 Euro Bruttorente kommt, muss 1.044 Euro (= 12.528 Euro Jahresrente) der Besteuerung unterwerfen. Sind keine weiteren Einnahmen vorhanden, werden für Singles rund 850 Euro Einkommensteuer für das ganze Jahr 2009 fällig.

Krankenversicherung – wie ist sie im Alter geregelt?

Wer als Berufstätiger gesetzlich krankenversichert war, kommt automatisch in die Kranken- und Pflegeversicherung der Rentner (KVdR) und bleibt in seiner bisherigen Kasse. Genauer: Wer mindestens 90 Prozent der zweiten Hälfte seines Berufslebens Pflichtmitglied in einer Krankenkasse war, wird auch in der KVdR Pflichtmitglied. Die Kassen machen bei Rentnern keine Leistungsabstriche. Lediglich der Anspruch auf Krankengeld, den Arbeitnehmer ab der siebten Krankheitswoche haben, entfällt.

Rentner zahlen die Hälfte des Beitrags

Krankenversicherungspflichtige Rentner zahlen in gleicher Weise wie Arbeitnehmer Beitrag. An die Stelle des Arbeitgebers tritt jedoch der Rentenversicherungsträger. Die Hälfte vom Beitrag zahlen Rentner selbst (8,2 Prozent der Rente), die andere Hälfte steuert der Rentenversicherungsträger bei. Bei der Pflegeversicherung ist der volle Beitragssatz vom Rentner allein zu zahlen (seit 1.7.2008: 1,95 Prozent der monatlichen Rente; für Rentner, die keine Kinder hatten: 2,2 Prozent).

TIPP

Beitragszuschuss zur Krankenversicherung
Wer die Voraussetzungen für die KVdR nicht erfüllt, kann trotzdem mit Beitragszuschuss rechnen. Sie bleiben in der Regel bei Ihrem bisherigen Krankenver-

sicherer, also freiwillig in der Krankenkasse oder privat versichert. Wer von denen Anspruch auf eine gesetzliche Rente hat, kann dann – und nur dann – beantragen, dass der Rentenversicherungsträger den Beitragszuschuss für die Krankenversicherung (halber Beitragssatz von 14,6 Prozent der Rente, also 7,3 Prozent, + 0,9 Prozent Sonderbeitrag pro Mitglied), bezahlt.

Privat versicherte Rentner

Für privat Krankenversicherte gilt im Rentenalter: Sie bleiben zunächst beim bisherigen Anbieter versichert. Ein Wechsel zu einem anderen Versicherer ist seit 2009 möglich; die bislang gebildete Alterungsrückstellung gegen Beitragssprünge im Alter kann beim Wechsel mitgenommen werden. Für die Kunden bleibt dies aber ein kräftiges Minusgeschäft.

Wem die Beitragssprünge im Alter bei seinem Versicherer nicht behagen, kann innerhalb des Versicherers den Tarif wechseln: in den so genannten Basistarif für Senioren. Der Beitrag darf nicht höher sein als der Höchstbetrag der gesetzlichen Kassen –, bietet aber nur Leistungen, die etwa denen der gesetzlichen Kassen entsprechen.

TIPP

Informative Broschüre

Details zur KVR vermittelt die Broschüre »Rentner und ihre Krankenversicherung«, die es kostenlos bei allen Rentenversicherungsträgern gibt. Sie kann auch per Internet bestellt werden: www.drv-bund.de.

Was ist bei Beamten im Ruhestand anders als bei gesetzlich versicherten Rentnern?

Die Altersvorsorge übernimmt der Arbeitgeber (Dienstherr genannt), und damit letztlich der Steuerzahler. Nach dem Beamtenversorgungsgesetz steht Beamten Ruhegehalt in Höhe der letzten Tätigkeit (Amt genannt) zu, wenn dieses Amt mindestens zwei Jahre ausgeübt wurde. Jedoch nicht in voller Höhe, sondern nach Dienstjahren. Von 2001 an gibt es für jedes Dienstjahr 1,794 Prozent. Diese Zahl wird mit den ruhegehaltsfähigen Dienstbezügen multipliziert, um die Pension zu ermitteln.

Ruhegehaltsfähige Dienstbezüge

Ruhegehaltsfähige Dienstbezüge sind im Wesentlichen das letzte Grundgehalt, der Ortszuschlag und womöglich ruhegehaltfähige Zulagen. Faustregel: Die Mindestversorgung sind 35 Prozent der Dienstbezüge. Je nach Dienstzeit (jedes Jahr steigt die Pension um besagte 1,794 Prozent) sind maximal 75 Prozent der Dienstbezüge drin (allerdings erst nach 40 Dienstjahren).

Durch das Versorgungsreformgesetz wird bei Beamten seit 1998 bei jeder »Gehaltserhöhung« ein Teil der Erhöhung einbehalten und in ein Sondervermögen eingezahlt, das zur Bezahlung künftiger Pensionen angelegt wird. Dies führt zu einer dauerhaften Senkung von Besoldung und Pension von drei Prozent. Zudem wurde durch das Versorgungsänderungsgesetz

(2001) der Höchstsatz in mehreren Schritten von 75 Prozent auf 71,75 Prozent im Jahr 2010 abgesenkt. Beamte, die schon zuvor im Ruhestand waren, sind davon nicht betroffen.

TIPP

Beamte sind besser gestellt

Im Gegensatz zur gesetzlichen Rente, wo das Durchschnittseinkommen über alle Jahre zugrunde gelegt wird, zählt bei Beamten das letzte und damit höchste Grundgehalt zur Berechnung der Pension. Beamte stehen auch bei Unfall bzw. ihre Angehörigen nach dem Tod besser da als bei der gesetzlichen Rentenversicherung. So gibt es keine fünf Jahre Wartezeit, ehe bei Dienstunfall oder Tod Leistungen beansprucht werden können.

Pensionen werden lediglich durch Gewährung eines besonderen Freibetrags, des Versorgungs-Freibetrags, begünstigt.

So schmilzt der Versorgungs-Freibetrag ab

Jahr Pensionsbeginn	Prozentsatz[1] und Höchstbetrag (Versorgungsfreibetrag)	Zuschlag zum Versorgungsfreibetrag
bis 2005	40,0 %, max. 3.000 €	1.000 €
2007	36,8 %, max. 2.760 €	828 €
2008	35,2 %, max. 2.640 €	792 €
2009	33,6 %, max. 2.520 €	756 €
2010	32,0 %, max. 2.400 €	720 €
2015	24,0 %, max. 1.800 €	540 €
2020	16,0 %, max. 1.200 €	360 €
2026	11,2 %, max. 840 €	252 €
2030	8,0 %, max. 600 €	180 €
2036	3,2 %, max. 240 €	72 €
2040	0 €	0 €

1 Bemessungsgrundlage für die Berechnung des Versorgungsfreibetrags ist bei Versorgungsbeginn ab 2005: das 12fache des Versorgungsbezugs für den ersten vollen Monat.

Vorzeitiger Ruhestand für Beamte – geht das ohne finanzielle Einbußen?

Es ist nur eine Frage der Zeit, bis die Regelaltersgrenze für Beamte ebenfalls von 65 auf 67 Jahre angehoben wird. Eine Anhebung dürfte auch stark belastete Berufsgruppen wie Bundespolizei, Zoll und Feuerwehr treffen, die nach geltendem Recht schon mit 60 Jahren in den Ruhestand dürfen. Jede Verschlechterung bei der gesetzlichen Rente traf letztlich immer zeitversetzt auch die Beamten.

Beurlaubung

Beamte können sich zwar zwischenzeitlich aus dem Job ausklinken, aber nicht auf Dauer. In Berlin etwa können sich Staatsdiener schon seit 1987 bis zu sechs Jahre unbezahlt frei nehmen mit Garantie auf den Arbeitsplatz bei Rückkehr – Sabbatical als Chance des Arbeitgebers, für eine Weile Gehälter einzusparen. Inzwischen haben Beamte in fast allen Bundesländern einen Rechtsanspruch auf selbstfinanzierte Freistellung.

TIPP

Nachversicherung in der gesetzlichen Rentenversicherung

Scheiden Beamte aus ihrem Dienstverhältnis ohne Anspruch auf Pension aus – insbesondere nach den bis zu drei Probejahren –, so werden sie in der gesetzlichen

Rentenversicherung nachversichert. Dann wird so getan, als wären sie immer gesetzlich versichert gewesen. Diese Nachversicherung bezahlt einzig und allein der bisherige Dienstherr.

Vorzeitiger Ruhestand

Wer gesund und arbeitsfähig ist, kann als Beamter meist (zu den Ausnahmen vgl. unten) nicht vorzeitig den Dienst quittieren. Es sei denn, Sie sind dauerhaft dienstunfähig. Häufiger Fall: Nervenleiden oder Burn-Out-Syndrom. In diesem Fall klappt die Frühpensionierung nach langwieriger Krankschreibung und gegebenenfalls mehreren Kuren. Am Ende entscheidet nicht der Hausarzt über die Frühpensionierung, sondern ein Amtsarzt. Laut Deutschem Beamtenbund muss sich jeder Beamte nach Weisung der Behörte ärztlich untersuchen lassen, falls Zweifel über die Dienstunfähigkeit bestehen. Er sei sogar verpflichtet, sich auch beobachten zu lassen, falls ein Amtsarzt dies für erforderlich hält.

Auch hier ist vorzeitiger Ruhestand möglich:

- Schwerbehinderte: Ein Beamter, der schwerbehindert ist und das 60. Lebensjahr vollendet hat, kann auf seinen Antrag hin in den Ruhestand versetzt werden.
- Antrag ab 63: Hat ein Beamter das 63. Lebensjahr vollendet, kann er Antrag auf vorzeitige Versetzung in den Ruhestand stellen. Wird diesem Antrag stattgegeben, verringert sich die Pension des Beamten um 3,6 Prozent für jedes Jahr, in dem er vor 65 (bei Schwerbehinderung oder Dienstunfall: vor 63) in den Ruhestand tritt. Diese Minderung, der so genannte Versorgungsabschlag, ist auf maximal 10,8 Prozent begrenzt.

Vorzeitige Altersrente – an wen muss ich mich wenden?

Kurz gesagt: Erster Ansprechpartner ist immer Ihr Träger der gesetzlichen Rentenversicherung (kostenlos). Auch private Rentenberater helfen (Honorar wie Rechtsanwälte). Vor allem, um die Entscheidung zu erleichtern, werden in der Beratung die Konsequenzen ausgemalt. Die Altersrente zum gesetzlich vorgesehenen Zeitpunkt oder vorzeitig beantragen? Als Voll- oder als Teilrente? Antworten auf diese Fragen beeinflussen natürlich die Höhe der Rente und den Zeitpunkt des tatsächlichen Ruhestandsbeginns.

Spätere Inanspruchnahme der Rente

Die Checkliste gibt Ihnen eine erste Orientierung. Als grobe Richtschnur gilt: Wenn Sie die Altersrente nach Erreichen des Mindestalters nicht beantragen, erhöht sich Ihr Anspruch auf die Rente bei 40 zurückgelegten Versicherungsjahren durch die weitere Beitragszahlung bis zum Alter von 67 pro Jahr um etwa 2,5 Prozent. Nehmen Sie die Rente erst später in Anspruch, verringert sich außerdem der Rentenabschlag.

Jeder vorgezogene Monat Altersrente kostet dagegen lebenslänglich 0,3 Prozent Abschlag.

Konsequenzen vorgezogener Altersrente

Mindest-alter	Alters-grenze	Wartezeit	Besonderheit
Regelaltersrente			
65 (ab Jg. 1947: 67)	65 bis 67	5 Jahre	Vertrauensschutz für Ältere als 1.1.1955 und Altersteilzeit vor 1.1.2007 vereinbart; Folge: »vorzeitige« volle Rente ab 65
Besonders langjährig Versicherte			
65	65	45 Jahre	Einführung im Jahr 2012; Folge: »vorzeitige« volle Rente ab 65
Langjährig Versicherte			
63	65 (ab Jg. 1949: 67)	35 Jahre	Vertrauensschutz für Ältere als 1.1.1955 und Altersteilzeit vor 1.1.2007 vereinbart; Folge: »vorzeitige« volle Rente ab 65; Mindestalter: 62 für Jüngere als 31.10.1949
Frauen			
60 bis 63	65	15 Jahre	Vor über 10 Jahre Pflichtbeitragszeiten nach 40. Geburtstag
Altersteilzeit (ATZ) oder Arbeitslosigkeit			
60 bis 63	65	15 Jahre	Vor in 10 Jahren vor Rentenbeginn mindestens 8 Jahre Pflichtbeiträge oder: 1 Jahr arbeitslos nach 58,5 oder 2 Jahre ATZ
Schwerbehinderte			
60 (ab Jg. 1952: 62)	63 (65 ab Jg. 1952)	35 Jahre	Schwerbehinderung oder Berufs- bzw. Erwerbsunfähigkeit (bis Jg. 1950); Vertrauensschutz für Ältere als 1.1.1955 und Altersteilzeit vor 1.1.2007 vereinbart und am 1.1.2007 schwerbehindert sowie Mindestalter 60; Folge: »vorzeitige« volle Rente ab 60 (62)

Quelle: DRV-Bund

Gibt es Rentenzuschläge wegen längerer Krankheit, Arbeitslosigkeit oder Kindererziehung?

Kurz gesagt: ja! Grundsätzlich gilt: Für die Höhe der Rente sind vor allem die eingezahlten Beiträge entscheidend. Je mehr Beitrag in die Kasse eingezahlt wurde, desto mehr Leistungen sind zu erwarten. Doch auch Zeiten, in denen aus unterschiedlichsten Gründen kein Beitrag entrichtet wurde, können in die Wertung kommen. Solche beitragsfreien und beitragsgeminderten Zeiten verbessern die Rente.

Ob berufstätig, arbeitslos, nach einer Geburt oder krank: Im Laufe Ihres Lebens kommen die verschiedensten rentenrechtlichen Zeiten zusammen. Die Rentenkasse speichert sie auf Ihrem persönlichen Versicherungskonto. Beispiel Geburt: Hier übernimmt der Staat (Steuerzahler) die Pflichtbeiträge ganz allein. Und zwar in Höhe eines Durchschnittsverdieners. Diese Leistung wird für ganztägige Kindererziehung erbracht, und zwar maximal für 12 Monate bei Geburten bis 1991, für jüngere Kinder maximal 36 Monate.

TIPP

Kindererziehungszeiten

Werden mehrere Kinder gleichzeitig erzogen, verlängert sich der Zeitraum entsprechend. Die Eltern können selbst entscheiden, ob sie Kindererziehungszeiten bei der Mutter oder beim Vater anrechnen lassen wollen.

Arbeitslosengeld I

Bei Arbeitslosigkeit und in anderen Lebenssituationen, in denen Sie Sozialleistungen erhalten, können für Sie Pflichtbeiträge gezahlt werden. Beispiel Arbeitslosengeld I: Seit 1992 gelten solche Zeiten grundsätzlich als Pflichtbeitragszeiten, wenn Sie im Jahr zuvor zuletzt versicherungspflichtig beschäftigt waren. Die Agentur für Arbeit übernimmt die Beitragszahlung allein – auf Basis von 80 Prozent des letzten Bruttoarbeitsentgelts.

Arbeitslosengeld II

Wer Arbeitslosengeld II erhält, bei dem wird der Beitrag für Zeiten bis zum 31.12.2006 aus einem festen Wert von 400 Euro berechnet. Für Zeiten seit 1.1.2007 liegt der Wert bei nur 205 Euro monatlich. Dadurch werden nur sehr geringe Rentenansprüche aufgebaut; die Rente sinkt gegenüber einer Berufstätigkeit drastisch.

Krankheit

Bei längerer Krankheit gilt: Auch Krankheitszeiten und die Teilnahme an Rehabilitationsmaßnahmen können je nach Zeitpunkt Anrechnungszeiten für die Rente sein.

Die Voraussetzungen dafür wurden im Laufe der Zeit immer wieder verändert. In einigen Jahren ist der Bezug von Krankengeld maßgeblich, in anderen Jahren kann die Zeit auch ohne diesen Leistungsbezug anerkannt werden. Welche Anrechnungszeiten bei Ihnen konkret berücksichtigt werden, erfahren Sie beim Rentenversicherungsträger. Nachweisen können Sie diese Zeiten mit Bescheinigungen der Krankenkasse, eines Arztes oder dem Bewilligungsbescheid für die Reha-Maßnahme.

Verschenke ich Rente, wenn ich länger als nötig arbeite?

Keineswegs! Jeder Monat Beitragszahlung mehr zählt für die Rente. Als grobe Richtschnur gilt: Wenn Sie die Altersrente nach Erreichen des noch gültigen Regelalters von 65 Jahren nicht beantragen, sondern bis 67 weiter arbeiten, erhöht sich Ihr Rentenanspruch um insgesamt satte 17 Prozent. Dieser Betrag ergibt sich aus Zuschlägen und verlängerter Beitragszahlung (siehe nachfolgende Tabelle).

Was zwei Jahre Mehrarbeit an Rente bringen

Alter	Status	Konsequenz für Rente
65	Rentenantrag	100 Prozent Altersrente
65	voll weiter arbeiten bis 67	117 Prozent Altersrente*

* 17 Prozent-Punkte Steigerung durch:

0,5 Prozent-Punkte Zuschlag für jeden Monat späterer Altersrente
= 6 Prozent-Punkte pro Jahr
= 12 Prozent-Punkte in zwei Jahren
+ circa 5 Prozent-Punkte durch Weiterzahlung von Rentenversicherungsbeiträgen.

Wer schon eine Vollrente wegen Alters bezieht, ist versicherungsfrei und kann auf diese Versicherungsfreiheit auch nicht verzichten. Wer daneben noch arbeitet und weniger als 400 Euro verdient, kann durch eigene Beiträge den Rentenanspruch nicht mehr steigern. Die Rentenversicherung nimmt dann einfach keine Einzahlungen mehr an. Allein der Arbeitgeber muss noch seinen Anteil zum Rentenversicherungsbeitrag leisten.

Höhe: 15 Prozent des Arbeitsentgelts bis zur Beitragsbemessungsgrenze.

Höhere Rente

Nehmen Sie die Rente erst später als mit 65 bzw. 67 in Anspruch, ist das in jedem Fall positiv für die Höhe der Rente. Allerdings bleibt so weniger Zeit zum Genießen der Rentenphase.

TIPP

Rechtzeitig Unterlagen einreichen

Damit die erste Zahlung der Altersrente reibungslos klappt, sollten Sie rechtzeitig – mindestens ein Jahr vor dem Rentenantrag – alle Unterlagen beim Träger der Rentenversicherung eingereicht haben, sodass ein vollständiger Versicherungsverlauf über Ihr gesamtes Berufsleben vorliegt.

Rechtzeitig Rente beantragen

Rückt der gewünschte Termin für den verspäteten Ruhestand näher, sollten Sie spätestens drei Monate vor dem Ausscheiden aus dem Job formlos die Rente beantragen. Um die Sache zu beschleunigen, sollten Sie unbedingt eine Verdienst-Vorausbescheinigung der letzten drei Arbeitsmonate vom Arbeitgeber hinzufügen. Eine verspätete Antragstellung kann zu einem späteren Beginn der Rentenzahlung führen. Rückwirkend wird die Altersrente maximal für ein Vierteljahr gezahlt.

Darf ich noch Altersteilzeitarbeit nutzen und wenn ja, ab welchem Alter?

Aktuell gilt noch bis Ende 2009: In den Vorruhestand können Arbeitnehmer ab 55 Jahren gehen, die eine tarifvertragliche, betriebliche oder individuelle Vereinbarung mit dem Arbeitgeber getroffen haben. Voraussetzung für diese wegen des Alters vereinbarte Teilzeitarbeit: Sie waren innerhalb der letzten fünf Jahre mindestens drei Jahre lang versicherungspflichtig beschäftigt. Die Altersteilzeit gilt in Zukunft unabhängig von der bisher gezahlten »Altersrente nach Altersteilzeitarbeit«, die nur Versicherte bekommen können, die vor 1952 geboren wurden. Ein Altersteilzeitvertrag kann auch auf eine andere Altersrente hin abgeschlossen werden.

Was Altersteilzeit bedeutet

Es wird vereinbart, dass in der verbleibenden Zeit (frühestens ab 55) bis zum regulären Rentenbeginn (meist noch ab 65) die wöchentliche Arbeitszeit um mindestens die Hälfte verringert wird. In der Regel erfolgt dies nach dem Blockmodell: Die erste Hälfte der Zeit wird weiter voll gearbeitet (Berufsphase), in der zweiten Hälfte gar nicht mehr (Ruhephase). Obwohl unterm Strich nur noch 50 Prozent der Arbeitszeit ausgefüllt werden, bekommt der Arbeitnehmer nicht nur 50 Prozent seines bisherigen Entgelts. Per Gesetz muss der Arbeitgeber den halbierten Verdienst um mindestens 20 Prozent aufstocken und zusätzliche Rentenversicherungsbeiträge zahlen. Freiwillig zahlen viele Arbeitgeber mehr als vom Gesetzgeber verlangt (vgl. auch Seite 52).

Der Charme an der bisherigen Regelung: Wer mindestens 24 Monate Altersteilzeitarbeit geleistet hat, also ein volles Jahr weiter gearbeitet und anschließend ein volles Jahr pausiert hat, kann vorzeitig in Altersrente. Seit 2006 klappt das jedoch – abhängig vom Geburtsjahr und Geburtsmonat – erst zwischen dem 60. und 63. Lebensjahr. Es müssten bei Start der Altersteilzeit also schon mindestens fünf Jahre verkürzte Arbeitszeit vereinbart werden, um anschließend in Altersrente nach Altersteilzeitarbeit gehen zu dürfen. Vertrauensschutz gibt es nur noch für Jahrgänge 1952 und älter.

Vertrauensschutz bei der Rente nach Altersteilzeitarbeit

Wenn Sie vor dem 1.1.1952 geboren sind und

- am 1.1.2004 arbeitslos waren oder
- Ihr Job vor dem 1.1.2004 gekündigt oder durch Vereinbarung nach dem 31.12.2003 beendet wurde oder
- Ihr Arbeitsverhältnis vor dem 1.1.2004 beendet worden ist und Sie an diesem Tag beschäftigungslos waren oder
- Sie vor dem 1.1.2004 Altersteilzeitarbeit vereinbart haben,

können Sie aus Gründen des Vertrauensschutzes auch weiterhin ab 60 Jahren in Altersrente gehen – allerdings mit Abschlägen von bis zu 18 Prozent (3,6 Prozent pro Jahr).

Altersteilzeit – wie wirkt sie sich auf das Einkommen und die Altersrente aus?

Auf das Einkommen wirkt sich Altersteilzeit (ATZ) zunächst günstig aus. Man arbeitet im Durchschnitt nur noch die Hälfte der Zeit. Im Durchschnitt heißt das: Die erste Hälfte der Zeit wird meist weiter voll gearbeitet (Berufsphase), in der zweiten Hälfte gar nicht mehr (Ruhephase). Für die insgesamt nur noch halbe Arbeitszeit gibt es jedoch mehr als 50 Prozent des bisherigen Entgelts: Der Arbeitgeber muss nämlich per Altersteilzeitgesetz den halbierten Verdienst auf mindestens 70 Prozent und die Rentenversicherungsbeiträge auf 90 Prozent aufstocken. Manche Branchen wie Metall/Elektro stocken freiwillig beim Gehalt auf 82 Prozent und den Rentenbeiträgen auf 95 Prozent auf. Letzteres wirkt sich überwiegend sehr positiv auf die spätere Altersrente aus.

Allerdings sind die meisten Arbeitgeber nicht automatisch Gutmenschen, sondern lassen sich die Aufstockung fürstlich von der gesetzlichen Arbeitslosenversicherung – und damit von den Berufstätigen und den Steuerzahlern – bezahlen: Auf Antrag erhalten sie bis zu sechs Jahre lang die Aufstockungsbeträge zum Verdienst und zum Rentenversicherungsbeitrag zurückerstattet. Voraussetzung:

- Die Altersteilzeitarbeit beginnt bis Ende 2009 und

- der Arbeitgeber besetzt den vom Altersteilzeit-Arbeitnehmer freigemachten Platz wieder mit einem gerade Ausgebildeten oder Arbeitslosen.

Auswirkungen auf die Rente

Auf die Rente wirkt sich Altersteilzeit einerseits positiv aus, da nur 50 Prozent Leistung und eigener Beitrag aufgewendet werden und der Arbeitgeber weitere 40 Prozent Rentenbeitrag aufstockt. Für 25 Prozent eigenen Beitragsaufwand erhält der Arbeitnehmer insgesamt immerhin 90 Prozent Rentenanspruch. Unterm Strich bleibt aber ein Minus von 10 Prozent gegenüber der vollen Berufstätigkeit. Dies verringert die Altersrente entsprechend. Zudem drohen lebenslange Rentenabschläge, falls nach der Altersteilzeit die reguläre Regelaltersgrenze noch nicht erreicht ist.

Wie sich Altersteilzeit auf die Rente auswirkt

- Arbeitnehmer, geboren im Juni 1949, leistet seit Juli 2007 Altersteilzeitarbeit im Sechs-Jahres-Blockmodell.

  = derzeitiger Monatsverdienst: 1.553 Euro (brutto)
  (nach Aufstockung durch Arbeitgeber auf 85 Prozent des bisherigen Netto)

- ab Juli 2010 wechselt Arbeitnehmer in dreijährige Freistellungsphase 1.553 Euro (brutto)

- ab Juli 2013 kann er in Rente nach Altersteilzeit gehen, hat Anspruch auf reguläre Altersrente (65 Jahre + 3 Monate) aber erst ab Oktober 2014

- lebenslanger Rentenabschlag 4,5 Prozent

Wird die Rente ohne Verlust auch ins Ausland überwiesen?

Rentner sind nicht an Grenzen gebunden, ebenso wenig die Rentenzahlungen. Eine deutsche Altersrente wird – falls gewünscht – überall hin überwiesen – auf ein Konto Ihrer Wahl. Gebühren für die Überweisung muss der Rentenversicherungsträger bezahlen. Im Einzelfall kann die Empfängerbank im Ausland allerdings Extra-Gebühren berechnen, die dann der Kontoinhaber zu zahlen hat.

Vorübergehender Auslandsaufenthalt

Bei vorübergehendem Aufenthalt im Ausland gibt es mit der Rentenzahlung keine Probleme: Die Rente wird in der gleichen Höhe wie in Deutschland überwiesen. Wer dagegen seinen Wohnsitz ins Ausland verlegen will, sollte sich frühzeitig mit dem Rentenversicherungsträger in Verbindung setzen. Rentenanspruch und Rentenhöhe könnten eingeschränkt sein. Dies hängt vor allem von der Staatsangehörigkeit, den rentenrechtlichen Zeiten, Geburtsdatum, Zeitpunkt der Auswanderung und dem Land ab, wo es Sie hinzieht.

Vor allem Empfänger von Erwerbsminderungsrente haben erhebliche Einbußen zu befürchten, weil der Arbeitsmarkt im Ausland für die Prüfung des Rentenanspruchs nicht berücksichtigt wird. Ausnahme: In allen EU-Staaten sowie in folgenden Ländern mit Sozialversicherungsabkommen gilt diese Einschränkung nicht: Australien, Bosnien-Herzegowina, Chile,

Israel, Japan, Kanada (und gesondert für die Provinz Quebec), Kroatien, Marokko, Mazedonien, Serbien, Montenegro, Südkorea, Türkei, Tunesien, USA.

Dauernder Wohnsitz im Ausland

Im Allgemeinen gibt es bei der Überweisung der Altersrente ins Ausland bei dauerndem Wohnsitz im Ausland keine Einschränkungen, wenn die deutsche Staatsangehörigkeit beibehalten bzw. die Staatsangehörigkeit des Landes angenommen wird, das Mitglied der EU ist oder mit Deutschland durch ein Sozialversicherungsabkommen verbunden ist.

Denken Sie vor einem endgültigen Wegzug in den Süden auch an den Krankenversicherungsschutz. Hier drohen unliebsame Überraschungen, denn die Krankenversicherung der Rentner endet außerhalb von EU bzw. EWR bzw. Ländern mit Sozialversicherungsabkommen.

TIPP

Informative Broschüren

Details nennen insbesondere die Broschüren »Arbeit im Ausland – für die Rente kein Problem« und »Tipps für Rentnerinnen und Rentner«, die immer wieder aktualisiert werden und die es kostenlos bei allen Rentenversicherungsträgern gibt. Sie können auch per Internet bestellt oder direkt auf Ihren PC heruntergeladen werden: www.drv-bund.de.

Was tun, wenn das Geld nicht zum Leben reicht?

Den deutschen Rentnern geht es wirklich nicht schlecht. Das Durchschnitts-Nettoeinkommen der Rentnerhaushalte beträgt 1.953 Euro, hat eine Allensbach-Umfrage im Auftrag der Postbank 2007 ergeben. Betrachtet nach Regionen, Schul- und Berufsausbildung ergeben sich aber große Unterschiede: Ostdeutsche Ruheständler-Haushalte kommen nur auf 1.647 Euro im Monat – das sind rund 19 Prozent weniger als im Westen (2.040 Euro).

Doch heben Politiker und Beamte im Ruhestand diese Durchschnittswerte deutlich an. 65-Jährige bringen es heute im Schnitt nur auf 600 Euro gesetzliche Altersrente (Frauen: 267 Euro). Das allein reicht praktisch nie zum Leben. Also geht nichts ohne Zusatzeinkünfte oder aufgeschobenen Ruhestand. Zahlungen aus einer betrieblichen Altersvorsorge erhalten im Westen 37 Prozent der Rentner-Haushalte, im Osten 9 Prozent. 45 Prozent der westdeutschen Ruheständler besitzen ein eigenes Haus oder eine eigene Wohnung, in Ostdeutschland sind es nur 28 Prozent. Wer also eine Rente von der Firma erhält bzw. durch Lohnverzicht selber angespart hat (Entgeltumwandlung), verbessert seine Finanzsituation meist um einige hundert Euro pro Monat. Und die Vorsorge mit dem Eigenheim zahlt sich im Rentenalter ebenfalls aus, falls alle Schulden getilgt sind: Ab dann wird die komplette Kaltmiete gespart.

Da das Geld aus der gesetzlichen Rente allein überwiegend nicht zum Leben reicht, wird in der Öffentlichkeit so viel über die Notwendigkeit privater Zusatzvorsorge geredet. Derzeit verfügen zehn Prozent der westdeutschen Rentner und Pensionäre über Aktien (Ostdeutschland: fünf Prozent).

Pensionierte Beamte mit 2.578 Euro verfügen über das mit Abstand höchste Altersgeld. Ehemalige Angestellte kommen auf durchschnittlich 2.009 Euro – das ist mehr als vormals Selbstständige und Freiberufler (1.951 Euro) sowie Arbeiter (1.710 Euro). Wenn das Geld nicht reicht, müssen Ersparnisse eingesetzt oder länger gearbeitet werden. Wenn alle Stränge reißen, hilft der Staat mit spezieller Sozialhilfe für bedürftige Rentner.

Grundsicherung

Wenn das Alterseinkommen und Vermögen nicht zum Leben reichen, können Altersrentner die so genannte Grundsicherung beantragen. Dazu muss man über 65 Jahre alt sein. Bei dauerhafter, voller Erwerbsminderung ist Grundsicherung auch schon ab dem Alter von 18 Jahren möglich. Der Betrag ist Sozialhilfe vergleichbar und macht rund 630 Euro pro Monat aus.

TIPP

Grundsicherung wegen Erwerbsminderung oder im Alter

Wenn Sie weniger als 700 Euro Rente und keine weiteren Einkünfte oder Vermögen haben, dann stehen Ihnen möglicherweise Gelder aus der Grundsicherung wegen Erwerbsminderung oder im Alter zu. Bereits mit dem Rentenbescheid wird potenziell Betroffenen ein Hinweis auf die Grundsicherung gegeben. Die Rentenversicherung nimmt auch Anträge auf Grundsicherung entgegen und leitet sie an die zuständige Kommune weiter.

Grundsicherung – unter welchen Voraussetzungen kann ich sie erhalten?

Seit 2003 gibt es eine finanzielle Grundsicherung. Sie wird wie eine normale Altersrente bezahlt und für ein Jahr im Voraus festgelegt, aber grundsätzlich lebenslang gezahlt. Damit soll verschämter Altersarmut vorgebeugt werden. Das Geld stellt der Bund aus Steuermitteln zur Verfügung. Wer die Grundsicherung beantragt, muss in der Regel über 65 Jahre alt sein.

TIPP

Antrag auf Grundsicherung

Wird Ihnen eine Rente aus der gesetzlichen Rentenversicherung bewilligt, deren Höhe unter 710 Euro bleibt – Höhe der Grundsicherung liegt Bundesdurchschnitt bei 626 Euro pro Monat –, fügt der Rentenversicherungsträger gleich einen Antrag auf Grundsicherung bei. Erst nach Rücksendung und Bearbeitung kann entschieden werden, ob ein Anspruch besteht, da die Rentenversicherung andere Einkünfte des Rentners nicht kennt.

Sozialamt ist zuständig

Zuständig ist das Sozialamt, Bereich Grundsicherung. Dabei erfolgt – anders als bei der Sozialhilfe – kein Rückgriff auf die nächsten Angehörigen. Voraussetzung: Das Jahreseinkommen der Kinder bleibt unter 100.000 Euro. Und der Rentner selbst darf nur über ein sehr bescheidenes Einkommen (einschließlich Rente) verfügen, das zum Unterhalt nicht reicht, sowie ein sehr bescheidenes Vermögen besitzen.

Was zum Einkommen und Vermögen zählt

Einkommen: Erwerbseinkommen, Renten, Einkünfte aus Vermietung und Verpachtung, Kapitaleinkünfte, Wohngeld.

Vermögen: Bargeld und Bankguthaben, Wertpapiere, Lebensversicherung, Immobilienbesitz, eigenes Auto.

Anrechnung von Vermögen und Einkommen

Geldbeträge können in geringem Umfang vorhanden sein, ohne die Grundsicherung zu gefährden. Die Höchstgrenze beträgt 2.600 Euro bei Alleinstehenden bzw. bis zu 3.214 Euro bei Ehepaaren (die zusammen leben) und eheähnlichen Partnerschaften. Eigenes Einkommen wird angerechnet. Liegt das eigene Einkommen unter der Grundsicherung, wird entsprechend aufgestockt. Ehegatten oder Partner einer eheähnlichen Gemeinschaft (seit 2005 auch eingetragene Partnerschaften) sind sich gegenseitig zum Unterhalt verpflichtet. Das bedeutet, dass sowohl Einkommen als auch Vermögen des Partners einbezogen werden.

TIPP

Informative Broschüren

Details nennt die Broschüre »Die Grundsicherung: Hilfe für Rentner«, die immer wieder aktualisiert wird und die es kostenlos bei allen Rentenversicherungsträgern gibt. Sie kann auch per Internet bestellt oder direkt auf Ihren PC heruntergeladen werden: www.drv-bund.de.

Kapitel 2
Vermögen für den Ruhestand ausbauen

Die gesetzliche Altersrente ist eine solide Säule für den Ruhestand. Hinreichendes Polster gibt es unterm Strich aber erst durch zusätzliche private Vorsorge in allen erdenklichen Anlageformen – von Versicherungen, über Geldanlagen und Immobilien bis hin zu Betriebsrenten. Manche Vorsorge wird staatlich besonders gefördert, um das Vermögen für den Ruhestand gezielt ausbauen zu können, etwa über Betriebsrenten, Riester- und Basisrenten.

In diesem Kapitel erfahren Sie alle entscheidenden Details rund um den Ausbau des Vermögens.

Wie viel Geld brauche ich zum Leben?

1.000 Euro Altersrente nach einem erfüllten Arbeitsleben mit durchschnittlichem Einkommen sind schon heute keine Offenbarung. Zwar legt Vater Staat meist jedes Jahr ein paar Euro drauf, doch damit kann bestenfalls die Teuerungsrate aufgefangen werden. Wer im Ruhestand mit 70 Prozent seines letzten Bruttoeinkommens liebäugelt, muss wenigstens 250 Euro pro Monat aus privatem Vermögen und zusätzlicher Vorsorge auf die gesetzliche Rente draufpacken können. So groß ist nämlich die monatliche Versorgungslücke (siehe Tabelle).

Versorgungslücke steigt mit wachsendem Einkommen (Angaben in Euro)

Bruttoeinkommen	Altersrente[1]	Versorgungslücke[2]
767	279	258
1.534	559	515
2.301	837	773
3.067	1.118	1.030
4.192	1.527	1.407
4.601	1.550	1.625
5.368	1.550	2.253
6.135	1.550	2.790

1 bei 35 Jahren Beitragszahlung in die gesetzliche Rentenkasse; Stand: 2008
2 Fehlbetrag, um auf 70 Prozent des letzten Bruttoeinkommens zu kommen

Private Vorsorge rechtzeitig beginnen

Wichtig in diesem Zusammenhang für rentenferne Jahrgänge: Zeit ist bares Geld. Denn je eher mit der privaten Vorsorge begonnen wird, desto geringer können die Beträge sein, mit denen sich die eigene Vorsorge bewerkstelligen lässt. Die Sparkassen rechnen dies an einem Beispiel vor: Eine Frau spart zwischen dem 20. und 30. Lebensjahr 100 Euro monatlich und lässt das Kapital bis zum Rentenbeginn dann nur noch liegen. Bei 5 Prozent Durchschnittsverzinsung erhält Sie mit 60 Jahren rund 67.000 Euro. Ihr Ehemann spart vom 30. bis 60. Lebensjahr – also 20 Jahre länger – ebenfalls 100 Euro zum gleichen Zinssatz. Mit 60 Jahren erhält er dennoch kaum nennenswert mehr – nur rund 81.900 Euro.

TIPP

Individuelle Umstände sind maßgebend

Um zu wissen, wo man finanziell beim Rentenstart steht, lohnt schon fünf bis zehn Jahre zuvor ein Vermögensstatus. Daran lässt sich ablesen, was kurzfristig noch an Vorsorge getan werden muss.

Auch wird die Notwendigkeit deutlich, womöglich den Rentenstart auf 67 oder noch später zu verschieben, falls der Arbeitsmarkt das hergibt. Zumindest sind die Einkommensquellen nach dem kompletten Berufsausstieg überschaubar (siehe Tabelle).

Einkommensquellen zu Beginn des Ruhestands	
Quelle	realistische Höhe (in Euro)
Ersparnisse	
lastenfreies Eigenheim	
Einnahmen aus vermieteter Wohnung	
Gesetzliche Altersrente	
Witwen-/ Witwer-Rente	
Ablaufleistung Kapital-Versicherung	
Private Altersrente oder Basisrente	
Riester-Rente	
Betriebsrente	
Teilzeitarbeit	

Was bleibt übrig, wenn ich erbe?

Ein Erbe ist immer willkommen, solange es nicht überwiegend aus Schulden besteht. Leider landet längst nicht jede Erbschaft in vollem Umfang beim Empfänger. Bei der Verteilung redet das Finanzamt auch ein Wörtchen mit und erhebt Steuern bei Erbschaft und Schenkung (vorgezogenes Erbe zu Lebzeiten). Die Höhe der Steuer ist in beiden Fällen im Prinzip gleich. Sie richtet sich nicht nur nach der Höhe des Vermögens, sondern auch nach der Erbschaftssteuerklasse, die wiederum vom Verwandtschaftsgrad der Erben zum Verstorbenen abhängt. Die nächsten Angehörigen sind in der niedrigsten Klasse I eingestuft (in Klammern Werte vor 2009).

Erbschaftssteuer-Sätze

bei Vermögenswert	Steuer (Prozent) fällig in Klasse		
bis ... Euro	I	II	III
75.000 (52.000)	7	(30) 12	30 (17)
300.000 (256.000)	11	(30) 17	30 (23)
600.000 (512.000)	15	(30) 22	30 (29)
6 Mio. (5,11 Mio.)	19	(30) 27	30 (35)
13 Mio. (12.78 Mio.)	23	(50) 32	50 (41)
26 Mio. (25.56.Mio.)	27	(50) 37	50 (47)
darüber	30	(50) 40	50 (50)

Steuerfreibeträge

Es gibt jedoch Freibeträge für nahe Angehörige, so dass Ehepartner und Kinder in aller Regel von der Schenkungs- bzw.

Erbschaftssteuer verschont bleiben. Grundsätzlich gilt: Je näher die Verwandtschaft, desto geringer sind die Steuerklasse und die Steuersätze.

Aber aufgepasst: Seit 1. Januar 2009 gibt es in Deutschland ein neues Erbschafts- und Schenkungssteuerrecht. Das Gesetz hat sich mehrfach verzögert. Zu Eckpunkten der Neuregelung gehört, Freibeträge für einige Angehörige stark anzuheben, so dass noch weniger Erbschaftssteuer fällig ist:

- Ehepartner: 500.000 Euro (bis Ende 2008: 307.000 Euro),
- Kinder: 400.000 Euro (bis Ende 2008: 205.000 Euro),
- Enkel: 200.000 Euro (bis Ende 2008: 51.200 Euro),
- Eingetragene Lebenspartner: 500.000 Euro (bis Ende 2008: 5.200 Euro),
- Urenkel, Eltern, Großeltern: 100.000 Euro (bis Ende 2008: 51.200 Euro),
- Geschwister, Nichten, Neffen: 20.000 Euro (bis Ende 2008: 10.300 Euro).

Eingetragene Lebenspartner bleiben aber in der Steuerklasse III. Die Steuersätze sind tendenziell angestiegen. In der Steuerklasse I bleibt meist nahezu alles beim Alten, doch in den Steuerklassen II und III haben die Steuersätze zumeist mächtig angezogen.

Selbstbewohntes Eigenheim steuerfrei

Unterm Strich bleibt auch das selbst bewohnte Eigenheim steuerfrei – bei Kindern nur bis 200 qm Wohnfläche und sofortiger Selbstnutzung für mindestens zehn Jahre. Neben den genannten Freibeträgen gibt es für Erben weitere Freibeträge, darunter so genannte Versorgungs-Freibeträge – insbesondere für die Witwe und die Kinder.

Betriebsrente – wann und in welcher Höhe kann ich sie erhalten?

Entgeltumwandlung

Im Alltag hat sich vor allem die Entgeltumwandlung durchgesetzt, weil diese für Arbeitgeber nahezu kostenlos bleibt. Der Arbeitnehmer wandelt einen Teil seines Entgeltes in Ansprüche auf Betriebsrente um, indem der Arbeitgeber diesen Teil des Gehalts einbehält und an eine Versorgungseinrichtung (Direktversicherung, Pensionskasse oder Pensionsfonds) überweist. Der Staat fördert diese Einzahlungen dadurch, dass keine Sozialversicherungsbeiträge und auch keine Steuern fällig werden. Obergrenze sind Einzahlungen bis zu 2.592 Euro pro Jahr (Stand: 2009).

Weitere 1.800 Euro Einzahlung in die Betriebsrente sind für Arbeitnehmer bei Entgeltumwandlung frei von Einkommensteuer, nicht aber vom Sozialversicherungsbeitrag. Gefördert werden ausschließlich Einzahlungen aus unversteuertem Einkommen (Bruttosparen).

Im Schnitt wandeln derzeit rund 17,3 Millionen Arbeitnehmer 1.200 Euro Entgelt pro Jahr um. Aus diesen umgerechnet 100 Euro Monatsbeitrag werden bei einer Frau (45) nach 20 Jahren rund 190 Euro Rente aus der Direktversicherung heraus – vor Steuern und Sozialversicherungsbeitrag. Frühester Auszahlungstermin für Betriebsrenten ist der 60. Geburtstag. Wenn das gesetzliche Rentenalter von 65 auf 67 Jahre angehoben wird, dürfte auch das Mindestalter für die Auszahlung von Betriebsrenten um zwei Jahre auf 62 steigen. In aller Regel fällt der Start für die Auszahlungen der Betriebsrente mit dem regulären Beginn des Ruhestandes zusammen (65 bzw. künftig 67).

Leistungen sind einkommensteuerpflichtig

Die Leistungen stehen dem Betriebsrentner jedoch nicht in voller Höhe zur Verfügung. Die Auszahlungen unterliegen in voller Höhe der individuellen Einkommensteuer. Zudem müssen gesetzlich Kranken- und Pflegeversicherte seit 2004 den vollen Beitragssatz aus ihrer Betriebsrente in die Kranken- und Pflegeversicherung einzahlen. Privat krankenversicherte Betriebsrentner haben diesen Abzug nicht.

Urteile zur Betriebsrente

Dass gesetzlich versicherte Betriebsrentner aus ihrer Auszahlung den vollen Beitragssatz für Kranken- und Pflegeversicherung bezahlen müssen, sei rechtens, entschied das Bundessozialgericht im September 2005 (Aktenzeichen B 12 KR 12/04). Nicht betroffen vom Abzug für gesetzlich Versicherte seien lediglich kleine Betriebsrenten von bis zu 119 Euro pro Monat.

Kapitalabfindung von Direktversicherung

Voller Beitrag für die gesetzliche Kranken- und Pflegeversicherung ist auch bei Kapitalabfindungen von Direktversicherungen fällig. Solche Einmalzahlungen unterliegen für längstens zehn Jahre der Sozialversicherungspflicht, entschied das Bundessozialgericht im September 2006 (Aktenzeichen B 12 KR 1/06).

Unterm Strich bleiben bei 30 Prozent Einkommensteuersatz von 300 Euro Betriebsrente netto noch rund 204 Euro pro Monat für gesetzlich versicherte Rentner übrig.

Guthaben auf dem Arbeitszeitkonto – was bringt mir das zum Rentenbeginn?

Arbeitszeitkonten sind mit Girokonten und Sparbüchern vergleichbar: Dabei werden Zeitguthaben verbucht. Wie beim Sparbuch stellen auch die Guthaben auf einem Arbeitszeitkonto für Arbeitnehmer einen wirtschaftlichen Wert dar. Daher spricht man bei Guthaben, die im Rahmen von flexiblen Arbeitszeitregelungen erzielt werden, auch von Wertguthaben.

Umwandlung in Betriebsrente

Das ist unbedenklich, wenn eine schriftliche »Betriebsrenten-Option« in die Betriebsvereinbarung aufgenommen worden war und dies schon vor 2009 vereinbart worden war. Dann funktioniert die sozialversicherungsfreie Übertragung ohne Haken und Ösen. Weiterer Vorteil dieser Bestandsschutzregelung: Auch die eingezahlten Arbeitgeberanteile zur Gesamt-Sozialversicherung können beitragsfrei für die Betriebsrente verwendet werden. Für neue Vereinbarungen seit Januar 2009 gilt: Guthaben auf Wertkonten können nicht mehr beitragsfrei in Betriebsrente umgebucht werden.

Regelung in Betriebsvereinbarung

Zeitkonten zahlen nur das aus, was der Betreffende in das Konto eingebracht hat – plus Kapitalmarktgewinne. Wenn das Wertguthaben in Betriebsrente umgewandelt werden soll, muss dies von vornherein in der Betriebsvereinbarung schriftlich vereinbart gewesen sein und darf frühestens drei Monate vor Beendigung des Arbeitsverhältnisses stattfinden. Ohne Umwandlung werden zu Beginn des Ruhestandes Sozialversicherungsbeiträge fällig.

Wertkonto oder Betriebsrente?		
Kriterien	Wertkonto	Betriebsrente
Ziel	Zeit- oder Wertguthaben für spätere Verwertung (kein Mindestalter)	Versorgung im Alter (frühestens ab 60)
Finanzierung	flexibel durch Mehrarbeit, Urlaub, Boni, Entgeltumwandlung, Arbeitgeberzuschuss	Entgeltumwandlung oder Arbeitgeberzuwendung
Sozialversicherung bei Ansparen	unbegrenzt frei	bis 2.592 Euro 2009 frei
Sozialversicherung bei Auszahlen	Sozialversicherungspflicht; bei Umwandlung in betriebliche Altersvorsorge Sozialversicherungsersparnis (besonders U-Kasse)	Mitglieder der gesetzlichen Krankenversicherung zahlen Beitrag für Kranken- und Pflegeversicherung
Steuer beim Ansparen	unbegrenzt frei	frei; Obergrenze 2009 bei Direktversicherung, Pensionskasse und -fonds: 4.392 Euro
Steuer beim Auszahlen	voll, aber gemindert durch die Fünftelregelung	voll (Freibeträge bei Direktzusage und U-Kasse werden bis 2040 abgebaut)

Was kann ich mit dem Guthaben auf dem Arbeitszeitkonto tun?

Das kommt auf den Zeitpunkt an: Arbeitszeitkonten – auch Wertkonten genannt – unterliegen weniger Restriktionen als die betriebliche Altersversorgung (bAV). Auf solchen Konten können geleistete, aber noch nicht vergütete Arbeitsstunden, geparkt werden. Steuern und Sozialabgaben werden erst fällig, wenn das Guthaben ausgezahlt wird. Für Arbeitgeber besteht die Pflicht, Wertguthaben abzusichern. Während der Berufstätigkeit sollen sie dazu dienen, unkompliziert Überstunden anzusammeln und bei Bedarf auch über längere Zeiträume wieder abzufeiern (zum Beispiel Sabbatical). Im Vordergrund steht die flexible Nutzung der Arbeitszeit, ohne dass Arbeitnehmer dabei übervorteilt werden können.

Verschiedene Nutzungsmöglichkeiten

Nur jeder zweite Arbeitnehmer kann sich aber aktuell vorstellen, Bestandteile des Gehaltes auf ein Zeitkonto einzuzahlen. Für viele scheint die sofortige Vergütung von Überstunden trotz hoher Abzüge lukrativer zu sein, weil das Geld für den Alltag gebraucht wird. In jedem Fall besteht eine große Freiheit für Arbeitnehmer, wie sie Guthaben auf dem Arbeitszeitkonto nutzen.

Neben dem planmäßigen Abbau von Wertguthaben im Zuge von Freistellungsphasen wie Elternzeit, verlängerter Urlaub,

Auszeit oder Altersteilzeit kann es auch zu so genannten Störfällen kommen. Dazu gehören Kündigung des Jobs, Insolvenz des Unternehmens oder Tod des Arbeitnehmers. Dann wird das Wertguthaben entweder als eine einmalige Kapitalleistung ausgezahlt, auf die gesetzliche Rentenversicherung übertragen oder in ein System der betrieblichen Altersvorsorge überführt. Dann sind jedoch nachträglich auf einen Schlag die gesamten eingesparten Sozialversicherungsbeiträge vom Arbeitgeber und Arbeitnehmer nachzuzahlen.

Umwandlung in Betriebsrente

Ist zum Ende der Berufstätigkeit noch nennenswertes Guthaben auf dem Arbeitszeitkonto, so lässt es sich unter bestimmten Umständen und nur per Vereinbarung vor 2009 elegant in Betriebsrente umwandeln (siehe Seite 68 f.). Nachteil der Umwandlung, die für neue Konten seit 2009 verboten ist: Wertkonten können im Gegensatz zur betrieblichen Altersversorgung an x-beliebige Personen vererbt werden. Allerdings ist dann Erbschaftssteuer fällig und die Firma muss Sozialabgaben und Einkommenssteuer nachentrichten. Bei Betriebsrenten gilt die Vererbung nur für enge Angehörige.

Vererbung der Betriebsrente

Die Betriebsrente kann dem Ehepartner, dem eingetragenen Lebenspartner und Kindern bis maximal 25 Jahre (Kindergeldberechtigte) vererbt werden.

Voraussetzung ist, dass der eigentliche Anspruchsberechtigte stirbt und im Vertrag eine Hinterbliebenenabsicherung vereinbart war.

Private Altersvorsorge – was kommt an Vermögen hinzu und was muss ich beachten?

Rund ein Viertel aller Deutschen spart fürs Alter keinen Cent und verlässt sich voll auf die gesetzliche Rente. Die durchschnittliche Rate für private Vorsorge liegt bei 183 Euro – über alle Anlageformen hinweg. Damit ist harter Konsumverzicht verbunden, und Zeit und Zinsen sind dabei das Salz in der Suppe. Der bekannte Finanzanalytiker Volker Looman rechnet vor: Wer die 183 Euro über 40 Jahre hinweg zu 3 Prozent jährlich angespart hat, kommt zum Ruhestand auf 168.000 Euro, doch wer denselben Betrag in nur 15 Jahren erreichen muss, weil er zu spät mit der Vorsorge beginnt, schafft dies nur, wenn die Raten zu 12 Prozent Rendite jährlich angelegt werden. Bei einem jährlichen Zinssatz von 6 Prozent – häufig nur mit Aktien zu schaffen –, kommen am Schluss lediglich 83.000 Euro zusammen.

Altersrente aufstocken

Neben Rente und Betriebsrente bringen es deutsche Ruheständler zu Beginn der Rentenphase im Schnitt auf 54.000 Euro Ersparnisse. Damit kann man keine so großen Sprünge machen wie es scheint. So reicht das Geld umgerechnet nur 108 Monate für eine Gesamt-Wohnungsmiete von 500 Euro pro Monat. Das sind nur neun Jahre... Gut dran ist jeder, der die letzten Berufsjahre – zumeist die mit dem lebenslang höchsten Einkommen – dazu nutzt, die Altersvorsorge aufzustocken. Viele Rentner dürften mit zusätzlich 1.000 Euro pro Monat für den Rest des Lebens zurechtkommen. Das klappt umso besser, je eher mit der Vorsorge begonnen wird (siehe Tabelle).

So viel Kapital muss für 1.000 Euro Zusatzrente gespart werden

Monatsrente für …	Anlagebetrag (Euro) bei Anlagezins (Prozent pro Jahr)[1]				
	3	4	5	6	7
10 Jahre	103.762	99.103	94.766	90.724	86.954
15 Jahre	145.214	135.849	127.385	119.718	112.759
20 Jahre	180.971	166.053	152.943	141.384	131.157
25 Jahre	211.816	190.877	172.969	157.574	144.275

1 Steuereffekte nicht berücksichtigt; Quelle: Journalistenbüro Pohl

TIPP

Sparraten richtig anlegen

Viele Privatleute wissen nicht recht, wie sie ihre Sparraten anlegen sollen: Riester hier, Rürup da, obendrein Sparverträge aller Art – das ist zu viel auf einmal. Ausweg: Wer zum Beispiel im Alter von 51 Jahren und 60.000 Euro Jahreseinkommen (brutto) nur 15.000 Euro auf dem Sparkonto hat und nun 15 Jahre monatlich 100 bis 200 Euro für die Zusatzrente sparen will, kann die größte Hoffnung in Aktien setzen. Wenn die 15.000 Euro sowie monatlich 183 Euro in einen Aktienindexfonds gesteckt werden, können mit etwas Glück jährlich 8 Prozent erzielt werden. Davon werden nach Abzug der Abgeltungssteuer noch 6 Prozent übrig bleiben, sodass am Ende 89.000 Euro netto verfügbar sind. Das ist im Vergleich zu Immobilien und Versicherungen der niedrigste Aufwand.

Aktienmärkte können aber auch Verluste bringen, wenn nicht genügend Zeit zum »Aussitzen« eingeplant wird.

Vorzeitige Auszahlung der Lebensversicherung – ist sie sinnvoll?

Kapital bildende Versicherungen werden bei vorzeitigem Tod des Versicherten fällig, spätestens aber dann, wenn das Enddatum im Vertrag erreicht wird. Kommt der Zahltag, so gilt:

Die Kapital-Lebensversicherung wird samt Überschüssen steuerfrei ausgezahlt, falls der Vertrag mindestens über 12 Jahre gelaufen ist und frühestens mit 60 endet.

Die private Rentenversicherung wird ausgezahlt – ebenfalls samt Überschüssen. Bei Tod des versicherten Ehepartners vor Beginn des Rentenalters steuerfrei alle bis dahin eingezahlten Beiträge und Gewinnanteile, bei Tod nach Beginn des Rentenalters die volle Rente.

Ablauftermin abwarten oder kündigen

Meist werden solche Kapital-Versicherungen auf das Endalter von 65 Jahren abgeschlossen. Wer nun vorzeitig in den Ruhestand will, muss entweder den Ablauftermin abwarten oder vorher kündigen (nachteilig!). Bei Abwarten läuft die Beitragszahlung weiter wie gehabt. Einige Wochen vor Ende der Laufzeit erkundigt sich der Versicherer nach den Zahlungsmodalitäten.

Wer vorzeitig seine Lebensversicherung ausgezahlt haben will, kann den Vertrag jährlich kündigen – zumeist mit einer Frist von drei Monaten zum Ende des Jahres. Dies ist in den meisten Fällen aber ein relatives Verlustgeschäft. Die Regel sieht leider so aus: Wer vorzeitig aussteigen will, erhält bei Kündigung nur den Rückkaufswert der Versicherung, also den aktuellen Zeitwert. Damit gibt es Verluste an mehreren Stellen, die sich leicht auf 10.000 Euro und mehr summieren können.

Verluste durch vorzeitige Auszahlung

Durch die vorzeitige Auszahlung der Lebensversicherung entstehen in mehrfacher Hinsicht Verluste:

- Die noch fälligen Einzahlungen finden nicht statt, was die Gesamtversorgung je nach Restlaufzeit des Vertrages mehr oder weniger deutlich schmälert,
- die Verzinsung der fehlenden Einzahlungen geht verloren,
- der gesamte Zinseszins für alle Überschüsse wird niedriger als erwartet,
- die Schlussgewinne, die es nur für das Durchhalten bis zum Vertragsende gibt, fallen komplett aus. Im Schnitt entfallen darauf 13,6 Prozent der Ablaufleistung;

zudem behält der Versicherer noch eine Stornierungsgebühr von meist 3 bis 5 Prozent der Versicherungssumme ein (Ausnahme: Kündigung erst in den letzten 5 Jahren vor Schluss).

TIPP

Wahlrecht bei Auszahlung
Bei der Auszahlung ihrer Lebens- oder privaten Rentenversicherung können Sie zwischen der einmaligen Auszahlung der Gesamtsumme (Kapitalabfindung) oder der monatlichen Auszahlung von kleinen Teilbeträgen (Verrentung) wählen. Die Rendite nach Steuern dürfte im Schnitt bei 5,0 Prozent liegen.

Riester-Rente – wie hoch fällt sie aus?

Das Altersvermögensgesetz regelt, dass die Kapital gedeckte private Vorsorge (Riester-Rente), die 2002 eingeführt wurde und Kürzungen bei der gesetzlichen Rente ausgleichen soll, immer stärker staatlich gefördert wird. Je nach Einkommen (4 Prozent des Jahresbruttoeinkommens werden begünstigt), Anspar-Beginn (Zeitfaktor entscheidet maßgeblich über absolute Höhe der Riester-Rente), Familienstand (Kinder bekommen zusätzliche Zulagen) und Anlageform (unterschiedliche Rendite-Chancen) kann die Riester-Rente üppiger oder schmaler ausfallen.

In der Endstufe seit 2008 sind dies pro Jahr bis zu 154 Euro (Ehepaare bis 308 Euro); hinzukommen bis zu 185 Euro pro Jahr für jedes Kind (für Neugeborene ab 2008 sogar 300 Euro).

So viel Riester-Zulage ist drin

Jahr	Grundzulage pro Ehepartner	Zulage pro Kind	Mindest-Eigenbeitrag[1]
2007	114	138	75
2008	154	185[2]	75
2009	154	185[2]	75

1 mit einem Kind (für Kinderlose mehr, für alle anderen weniger); Angaben in Euro
2 für jedes Neugeborene ab 2008 beträgt die Kinderzulage sogar 300 Euro

TIPP

Zusätzlicher Sonderausgaben-Freibetrag
Besserverdiener erhalten neben der Riester-Zulage einen zusätzlichen Sonderausgaben-Freibetrag von bis zu 2.100 Euro pro Jahr ab 2008 (Ehepaare bis 4.200 Euro).

Gute Rendite

Insgesamt zeigt sich der Staat so spendabel, dass Riester-Verträge unterm Strich die Rendite vergleichbar sicherer Geldanlagen und Vorsorgeformen locker schlagen. Im Jahr 2006 brachten Riester-Verträge laut Stiftung Warentest – ohne Einrechnung der Förderung – zwischen

- 3,7 und 5,6 Prozent Rendite bei Riester-Versicherungen,
- 1,4 und 14,0 Prozent bei Riester-Fondssparplänen sowie
- 2,0 und 3,83 Prozent bei Riester-Banksparplänen.

Günstig: Alle Anbieter müssen garantieren, dass der gesamte eingezahlte Beitrag zu Beginn der Auszahlungen im Rentenalter (zumeist mit 60, in den Folgejahren wahrscheinlich erst ab 62) auch wirklich zur Verfügung steht (Beitragsgarantie).

BEISPIEL

Ein Single ohne Kind erhält 2009 bei einem rentenversicherungspflichtigen Einkommen des Vorjahres (2008) in Höhe von 40.900 Euro bei einer Sparleistung von 1.636 Euro (= 4 Prozent) eine Grundzulage von 154 Euro. Hier würde von Amts wegen eine zusätzliche Entlastung als Sonderausgabe in Höhe von 420 Euro gewährt. Macht einen Gesamtzuschuss des Staates von 574 Euro für den Riester-Beitrag von insgesamt 1.636 Euro pro Jahr – falls der Anleger insgesamt so viel auf die hohe Kante legt. Bezogen auf das Eigenkapital des Anlegers ist das nicht schlecht – falls das eigentliche Vorsorgeprodukt gut ist.

Basisrente – wie hoch fällt sie aus?

Die Höhe hängt vor allem von der Summe der Einzahlungen, dem Zeitfaktor, dem persönlichen Steuersatz und dem Anlagegeschick des ausgewählten Versicherers ab. Der Staat fördert seit 2005 vor allem Unternehmer bei der privaten Altersvorsorge durch die Basisrente, auch Rürup-Rente genannt. Gefördert werden spezielle Anlageformen, die so gestaltet sein müssen, dass keine Kapitalabfindung, keine Übertragung auf Dritte, keine Beleihung sowie nur eingeschränkte Vererbung und Rentengarantiezeit für die Angehörigen im Todesfall möglich sind.

Auszahlung erst ab 60

Primär handelt es sich dabei um spezielle Rentenversicherungen der Lebensversicherer. Die Auszahlung ist erst ab dem Alter von 60 Jahren erlaubt. Im Prinzip kann jeder gefördert werden, der steuerpflichtig ist. Da die Förderung aber über den Sonderausgabenabzug läuft, lohnt sie nur für Berufstätige und wohlhabende Vorruheständler. Je höher das Einkommen, desto besser. Insgesamt darf jeder Ledige bis 20.000 Euro und Verheiratete bis 40.000 Euro pro Jahr an Beiträgen steuerlich ansetzen. 2008 sind 66 Prozent dieser jeweiligen Höchstbeträge absetzbar, also 13.200 Euro (siehe Tabelle auf Seite 79).

Rentenleistungen aus der Basis-Rente sind bis 2040 nur begrenzt steuerpflichtig. Die Höhe des steuerpflichtigen Teils richtet sich nach dem ersten Jahr des Rentenbezugs und wird anschließend lebenslang festgeschrieben. Für Auszahlungsbeginn 2008 würden 56 Prozent der Leistung besteuert, ab 2009 dann 58 Prozent.

So steigt die steuerliche Förderung der Basisrente

Jahr	Höhe der abzugsfähigen Aufwendungen (Prozent)	Höchstbetrag (Euro)	Jahr	Höhe der abzugsfähigen Aufwendungen (Prozent)	Höchstbetrag (Euro)
2008	66	13.200	2015	80	16.000
2009	68	13.600	2017	84	16.800
2010	70	14.000	2020	90	18.000
2011	72	14.400	2025	100	20.000

TIPP

Rente gegen Insolvenz geschützt

Immerhin ist das Ersparte bei Unternehmern vor dem Zugriff der Gläubiger sicher. In der Rentenphase muss der Anleger nach heutigem Recht keinen Sozialversicherungsbeitrag zahlen. Renditepotenzial: 4,5 Prozent pro Jahr (siehe Tabelle).

Die besten Basisrenten					
Gesellschaft	Garantie-Rente (Euro)		Prognose für Gesamtrente im 1. Jahr (Euro)		M&M-Unternehmens-Rating[1]
	Mann (40)	Frau (40)	Mann (40)	Frau (40)	
WGV Leben	186	168	277	251	☆☆☆☆
Cosmos Direkt	185	168	290	263	☆☆☆☆
Asstel	182	165	290	261	☆☆☆☆☆
HUK-Coburg	179	163	270	245	☆☆☆☆
Allianz	178	161	278	251	☆☆☆☆☆

1 Gesamtrating mit mindestens vier Sternen (= überdurchschnittlich)
Erwachsene (40) zahlen je 124 € pro Monat bis 65 ein (kein Todesfallschutz) und erhalten dynamisch steigende Rente; Sortierung nach höchster Garantie-Rente für Männer; nur bundesweit tätige Anbieter ausgewählt
Quelle: Morgen & Morgen; Stand: August 2008

Was mache ich bei vorzeitiger Rente mit meinen Schulden?

Zwei Drittel aller bundesdeutschen Haushalte drücken Schulden – im Schnitt über 5.700 Euro pro Kopf. Drei Viertel aller Schulden entfallen auf Baudarlehen, die durch Immobilienvermögen gesichert sind. Günstig ist es, die Entschuldung auf die späteren Lebensziele abzustimmen. Wer etwa mit 60 in vorzeitige Rente will, sollte spätestens mit 50 die Bestandsaufnahme machen, um möglichst mit 60 dann den größten Teil abgetragen zu haben.

TIPP

Schuldenfrei beim beruflichen Ausstieg
Ideal ist es, zum beruflichen Ausstieg komplett schuldenfrei zu sein, da sonst ein Teil der Liquidität nicht zum individuellen Konsum zur Verfügung steht. Wer hier nicht halbwegs sicher plant, gefährdet seine Liquidität im Alter.

Entschuldung möglichst bis Mitte 50

Motivieren Sie sich zu rigoroser Entschuldung spätestens bis Mitte 50 mit der Frage: Will ich nach dem beruflichen Ausstieg Abstriche am gewünschten Lebensstandard zulassen für längst abgeschriebene Investitionen, die immer noch Geld kosten?

TIPP

Sondertilgungen oder zusätzliche Rückzahlungen

Prüfen Sie, ob die Entschuldung der Immobilie vorangetrieben werden kann, etwa durch Sondertilgungen. Grund: Kredite sind in der Regel zwei bis drei Prozentpunkte teurer als Geldanlagen üblich an Rendite einbringen. Wer die Kreditzinsen auch nicht als Werbungskosten absetzen kann (Selbstnutzer), macht also ein schlechtes Geschäft, wenn er Geldanlagen der Entschuldung vorzieht.

Sondertilgung: Dies ist die Möglichkeit, neben der vereinbarten Monatsrate zusätzlich größere Geldbeträge zu tilgen, etwa nach einer Erbschaft. Für laufende Hypothekendarlehen nur selten und sehr begrenzt erlaubt.

Rückzahlungen zum Ende der Zinsbindungsfrist: Sie sind bei jedem Hypothekendarlehen erlaubt. Waren zum Beispiel 10 Jahre mit festem Zins vereinbart, ist das Darlehen danach meist noch nicht getilgt. Dann wird neu über weitere Laufzeit und Zins verhandelt. Vorher – mit Beendigung der alten Zinsbindungsfrist – kann der Kunde jedoch so viel tilgen wie er will bzw. sich leisten kann.

BEISPIEL

Wer noch 100.000 Euro Restschuld nach Ablauf der Zinsbindungsfrist abzutragen hat, aber nun 20.000 Euro aus einer Erbschaft für den Schuldendienst einsetzen will, kann dies tun, ohne Zusatzkosten der Bank befürchten zu müssen. Die neue Zinsbindungsfrist-Verhandlung beginnt dann mit einer Restschuld von 80.000 Euro. Die Laufzeit kann der Kunde individuell vorgeben; die Bank macht dann ein Angebot zum neuen Effektivzins. Dies muss man nicht annehmen, sondern kann auch die Bank wechseln (Umschuldung).

Was wird aus meinem Eigenheim, wenn ich in Rente gehe?

Die meisten Eigentümer hatten sich in jüngeren Jahren zum Bau oder Kauf entschlossen und eine Größe gewählt, wo großzügiger Platz auch für Kinder eingeplant war. Ihre Erfahrung: Die monatliche Belastung kam anfangs mindestens der Miete gleich. Erst als die Schulden nach 20, 25 Jahren deutlich abnahmen, begann das Sparen gegenüber gleichaltrigen Mietern. Zum Rentenstart ist man nun bei richtiger Finanzplanung schuldenfrei.

Eigenheim ist eine gute Altersvorsorge

Ein Eigenheim ist eine exzellente Altersvorsorge, weil im Alter die Kaltmiete wegfällt und nur überschaubare Rücklagen für Reparaturen nötig sind. Ist das Haus also für den Ruhestand nicht zu groß und die Infrastruktur im Ort intakt (Freunde, Einkaufen, Kultur, Hobbys, Arzt), ist meist alles bestens. Ist das Haus dagegen zu groß, prüfen Sie, ob ein Kind samt Familie wieder einzieht (Mehrgenerationenhaus) oder ob ein Verkauf bzw. eine Vermietung eher die Lösung sein könnte. Es gibt noch einen dritten Weg: Sie verschenken das Haus an Ihr Kind, behalten aber ein lebenslanges Wohnrecht (Nießbrauch) – vgl. das Beispiel auf Seite 83.

Ausgleich durch Zahlung einer monatlichen Rente

Als Ausgleich für die Schenkung kann man mit dem beschenkten Kind auch eine monatliche Rente aushandeln, also eigentlich einen scheibchenweisen Verkauf organisieren (geht auch mit Fremden). Diese Leibrente ist nur mit dem Ertragsanteil zu versteuern. Rechtsgrundlage für die Leibrente, die der Käufer bzw. Beschenkte zahlen muss: §§ 759 bis 761 BGB.

Immobilie im Ausland

Viele ältere Deutsche verbringen den größten Teil des Jahres in wärmeren Gefilden. Häufig werden dazu Haus oder Wohnung im Ausland gekauft – etwa mit dem Erlös aus dem verkauften, häufig zu großen Haus in Deutschland. Beim Kauf im Ausland sind jedoch andere Gesetze, Sitten und Gebräuche zu beachten. Hinzu kommt, dass die steuerlichen Rahmenbedingungen für Immobilien im Ausland teilweise kompliziert sind. Ohne spezialisierten Berater kann man in böse Fallen geraten. Holen Sie sich also rechtzeitig fachkundigen Rat ein.

BEISPIEL

Sie geben mit einem notariellen Schenkungsvertrag das Haus an Ihr Kind vorzeitig weiter, allerdings mit einem Nießbrauchsvorbehalt. Der besagt, dass das Haus zwar verschenkt ist, Sie aber auf Lebenszeit das Wohnrecht garantiert bekommen. Das wird dann sogar ins Grundbuch eingetragen (gebührenpflichtig). Vorteil: Familien können dank erhöhter Freibeträge weiter steuerfrei erben und vererben, schenken und geschenkt bekommen. Das selbst genutzte Familieneigenheim bleibt vom Fiskus auch nach der Erbschaftssteuerreform weitgehend verschont.

Reichen die Ersparnisse, wenn ich mit 60 aus dem Job aussteige?

Wie schon in den Antworten auf die Fragen zuvor in diesem Kapitel gesagt: Das kommt auf Ihren Kontostand, das Einkommen, Zusatzvorsorge und andere Umstände wie Erwartung einer Erbschaft oder Vermögen des Partners an. Wer mit 60 den Beruf vorzeitig an den Nagel hängen will, muss sich das wirklich leisten können, um später keine bösen finanziellen Überraschungen zu erleben. An dieser Stelle lohnt eine kleine Zusammenfassung:

Checkliste

- Leute mit durchschnittlichem Einkommen erhalten 1.082 Euro netto Altersrente mit 65. Wie viel ist es bei mir mit 60?
- Wie viel Altersrente bleibt mir mit 60 abzüglich 0,3 Prozent Abzug pro Monat, falls ich erst Regelaltersrente mit 65 oder zu einem anderen Zeitpunkt bekommen kann?
- Bleiben mir wenigstens 50 Prozent meines letzten Nettoeinkommens als Rente, damit es nicht zu eng wird?
- Reichen mir maximal 400 Euro monatlicher Hinzuverdienst aus Minijobs bis 65, um keine Abzüge an meiner Rente zu riskieren, zum bequemen Überleben?
- Kommt für mich noch Altersteilzeit (ATZ) in Betracht? Dann könnte ich ohne große Einbußen mit 60 nur noch die Hälfte der Zeit arbeiten und zum Beispiel ab 62 gar nicht mehr.

- Ist meine Versorgungslücke durch Ersparnis und Privatvorsorge geringer als 200 Euro netto pro Monat, sodass ein solider Ruhestand finanziert scheint?
- Habe ich an weitere Einkünfte wie lastenfreies Eigenheim oder Einnahmen aus einer vermieteten Wohnung gedacht, die die Rente ab 60 finanziell aufpolstern?
- Wie viel Betriebsrente vom Arbeitgeber bzw. durch Entgeltumwandlung habe ich ab 60 zu erwarten?
- Wie viel Kapital aus Geldanlagen und Lebensversicherungen kann ich ohne Verluste mit 60 oder später locker machen?

TIPP

Auf realistischer Kapitalsumme kalkulieren

Kommen Sie zum Beispiel mit 50 bei einem Kassensturz zu dem Ergebnis, dass Sie die letzten zehn Jahre bis zum vorzeitigen Ausstieg mit 60 noch bei der Altersvorsorge drauflegen müssen, so sollten Sie eine realistische Kapital-Summe vor Augen haben. Wer etwa auf 250.000 Euro Geldvermögen kommen will, um seinen Ruhestand finanziell sorgenfrei verleben zu können, muss handfeste Beträge zurücklegen (siehe Tabelle).

So viel müssen Sie pro Monat für 250.000 Euro zurücklegen

im Alter von …	Monatliche Sparrate (Euro) bei Anlagezins (Prozent pro Jahr)[1]				
	3	4	5	6	7
35 Jahren	433	364	306	256	213
40 Jahren	563	490	425	368	318
45 Jahren	763	685	614	549	490
50 Jahren	1.103	1.019	940	867	799
55 Jahren	1.789	1.699	1.618	1.532	1.454

1 Steuereffekte nicht berücksichtigt; Rentenbeginn mit 65; Quelle: Journalistenbüro Pohl

Wird das Geld knapp, wenn ich später auf Pflege angewiesen bin?

Das elementare Lebensrisiko »Pflegefall« wird gern ausgeblendet, zumal es auch überhaupt nicht einzuplanen ist. Dabei ist die gesetzliche Pflegeversicherung allenfalls eine Grundabsicherung. Das Geld reicht keineswegs für Rundum-Pflege. Selbst in Pflegestufe III entspricht das Geld nur einem Stundensatz von knapp 10 Euro. Tatsächlich kosten Fachkräfte heute mindestens 30 Euro pro Stunde. Die gesetzlich bereitgestellte Summe reicht damit nur ein Drittel des Monats – quasi eine Teilkasko-Absicherung, Tendenz fallend.

Pflege kostet 3.000 Euro im Monat

Die finanziellen Folgen kann sich jeder leicht ausmalen, denn im Pflegefall muss ein Betrag von ungefähr 3.000 Euro monatlich zur Verfügung stehen. Übersteigen diese Kosten die Leistungen der Pflichtversicherung, geht es ans Ersparte. Die vorhandenen Vermögenswerte wie Bankkonto, Haus und Auto werden herangezogen. Sind sie bei langer Pflegezeit aufgebraucht, wird der fehlende Unterhalt zunächst vom Sozialamt übernommen. Das Amt darf aber auf Verwandte ersten Grades (Kinder und Eltern) zurückgreifen (§ 91 Bundessozialhilfegesetz). Das kann ganze Familien in die Armut treiben.

TIPP

Pflege-Zusatzversicherung

Gut dran ist, wer als Vorsorge für den Pflegefall eine private Pflege-Zusatzversicherung abgeschlossen hat, um die Restkosten ungefähr abzudecken. Die Statistik spricht für private Zusatzvorsorge schon in mittleren Jahren: Mit 75 Jahren beträgt das Pflegefallrisiko im Durchschnitt 33 Prozent. Früher überlebten die schweren Fälle ihren Schicksalsschlag nur sieben bis acht Monate, heute bringen sie es durchschnittlich auf weitere sechs Jahre Lebenserwartung. Da kommen auf Familien Kosten von rund 140.000 Euro zu. Fast 40 Prozent aller stationär Pflegebedürftigen würden durch die finanzielle Belastung im Zusammenhang mit dem Pflegefall sogar zu Sozialhilfeempfängern.

Eine Pflegerente bietet ein akzeptables finanzielles Trostpflaster. Wer seinen Kindern den Rückgriff auf die Ersparnisse ersparen will, sollte sich ab 50 um eine geeignete Zusatzversicherung kümmern. Angeboten werden entweder Pflegetagegeld- oder Pflegekosten-Tarife.

Formen von Pflege-Zusatz-Versicherungen

Tagegeld: Die Höhe hängt von der Pflegestufe ab; die tatsächlichen Pflegekosten spielen keine Rolle. Die Police empfiehlt sich für Versicherte, die wahrscheinlich von Angehörigen zu Hause versorgt werden und die im Pflegefall frei über das Geld verfügen wollen. Solche Extras erhält der Versicherte mit dem Kostentarif nicht.

Pflegekosten: Der Versicherer beteiligt sich bis zu einer festgelegten Obergrenze nur an den reinen Pflegekosten. Und zwar an den Restkosten, die nach den Leistungen der gesetzlichen Pflegeversicherung übrig bleiben (häufig 80 Prozent). Der Kunde muss dies durch Belege nachweisen.

Wie kann ich ab 55 noch rentabel und sicher zugleich Geld fürs Alter anlegen?

Das wird schwierig, denn mit 55 bei der Geldanlage noch einmal durchzustarten, obwohl der Ausstieg schon ab 60 erfolgen soll, lässt nur fünf Jahre Zeit. In solch kurzem Zeithorizont verbieten sich riskante Anlagen wie Aktien oder Aktienfons, weil Verluste nicht auszuschließen sind bzw. zeitlich nicht unbedingt »ausgesessen« werden können, bis sich die Kurse wieder erholen.

Kurzfristige Optimierung der Altersvorsorge

Zum Glück sind ab 55 beruflich die Weichen vielfach bereits in Richtung Vorruhestand oder Altersrente gestellt, weil ein solides Haushaltseinkommen vorhanden ist (häufig 3.000 Euro netto). Die Erfahrungen bei der Vermögensbildung (häufig 100.000 Euro und mehr Vermögen) werden nun noch einmal in Waagschale geworfen, um für die letzten fünf Jahre die Altersvorsorge zu optimieren.

Was in welchem Alter gespart wird[1]

Alter	Sparbuch	Bausparen	Versicherung	Wertpapiere	Sonstiges
50 – 54	16,9	6,95	42,8	20,6	12,8
55 – 59	17,1	5,5	40,1	22,2	14,4
60 – 64	19,7	5,0	33,9	25,4	15,9
65 – 69	23,9	4,0	12,7	32,6	26,9

1 Angaben in Prozent des gesamten Anlagebetrages
Datenquelle: DIA »Die Deutschen und ihr Geld« (2001)

Der Anlagehorizont ist nun allenfalls noch mittelfristig, da der Ruhestand schon in Sicht kommt. Häufig werden Anlageformen gestreut, die

- hohe Sicherheit zum Berufsausstieg gewährleisten und
- gesundes Risiko bei guten Ertragschancen.

Geeignete Geldanlagen

Kurzfristig bieten sich vor allem Geldmarktfonds oder Termingeld für die Barreserve an. Mittelfristig lohnen größere Beträge in Aktienfonds. Auch der Kauf von Bundeswertpapieren lohnt. Je nach individueller Ausgangssituation und persönlicher Risikoneigung bieten sich für Leute um die 55 nur noch zwei Strategien an:

- für Vorsichtige die Festverzinsliche Variante,
- für Gewinnorientierte die Misch-Variante aus Festverzinslichen und Aktien.

TIPP

Riester-Vorsorge

Bei der Riester-Vorsorge sind Ältere nicht automatisch im Nachteil. Zehn Jahre Sparzeit sollten es aber möglichst noch sein. Die Riester-Rente kann frühestens mit 60 ausgezahlt werden, ohne die Förderung wieder einzubüßen. In der Regel werden viele jedoch bis 65 einzahlen. Also kann der Einstieg auch mit 55 noch lohnen, im Einzelfall sogar noch später. Grund: So wird keine Grundförderung verschenkt (154 Euro Grundzulage und 2.100 Euro Sonderausgabenabzug pro Jahr abzüglich Zulage). Aber Vorsicht: Davon lassen sich in der Kürze der Zeit aber nur noch Mini-Zusatzrenten erwirtschaften.

Welche mittel- und kurzfristigen Anlagemöglichkeiten bieten sich ab 50plus an?

Je nach Anleger-Mentalität, vorhandenem Vermögen, Einkommen und Liquidität bieten sich unterschiedliche Anlagemöglichkeiten an. Kurzfristig sind dies vor allem Geldmarktfonds. Mittelfristig lohnen größere Beträge in Aktienfonds. Auch der Kauf von Bundeswertpapieren lohnt sich.

TIPP

Mögliche Strategien

Je nach individueller Ausgangssituation und persönlicher Risikoneigung bieten sich für Leute um die 50 drei Strategien an:

- für Vorsichtige die Festverzinsliche Variante,
- für Risikofreudige die Aktien-Variante,
- für Gewinnorientierte die Misch-Variante.

Anlage für Vorsichtige ab 50

Ein Beispiel: Angenommen, Sie sind 50 und haben monatlich noch rund 400 Euro zur Vermögensbildung verfügbar. Das Geldvermögen beläuft sich aktuell auf 50.000 Euro. Dann könnte sich bei sicherheitsbetonter Geldanlage folgende Anlagestrategie als erfolgreich erweisen. Hintergrund: Festgeld und Sparbuch sind Ihnen zu wenig, aber große Kursschwankungen sind Ihnen zu nervenaufreibend und können nicht toleriert werden.

Lassen Sie den größten Teil der festverzinslichen Wertpapiere weiter laufen. Wenn z.B. 40.000 Euro in den nächsten zehn Jahren im Schnitt 4,5 Prozent Rendite bringen (nach Kosten), fließen Ihnen jährlich 1.800 Euro an Zinsen zu. Davon kassiert das Finanzamt 25 Prozent Abgeltungssteuer (= 450 Euro). Bleiben 1.350 Euro Ertrag.

Die 1.350 Euro Zinsen könnten in andere sichere Sparformen investiert werden, insbesondere in eine Riester-Rente (am besten Riester-Fondssparplan) oder eine Basisrente.

Die monatlich aus dem laufenden Einkommen verfügbaren 400 Euro könnten in andere sichere Anlagen fließen, etwa einen Sparplan in Bundesschatzbriefen (Typ B) und einen Sparplan mit Mischfonds.

Ergebnis: 40.000 Euro festverzinsliche Wertpapiere + 34.500 Euro aus dem Riestervertrag (1.350 Euro Zinsen des ersten Jahres fließen in Riester-Rente mit zehn Jahren Laufzeit, wobei mit 2.100 Euro Förderung per Sonderausgabenabzug gerechnet wird), die dann überwiegend verrentet werden müssen, + 57.000 Euro aus Sparplan mit Bundesschatzbriefen oder Mischfonds (monatlich 400 Euro ab 50 Jahren investiert abzüglich Abgeltungssteuer) = rund 131.500 Euro netto.

Mix aus Sicherheit und Risiko

Auch ein Mix aus Sicherheit und Risiko kann sich als erfolgreich erweisen. Unterm Strich muss aber trotz des Verlustrisikos ein Vermögenszuwachs zu Buche schlagen.

Finanzanlagen – welche sollte ich meiden?

Kurz gesagt alles, was die vorgezogene Altersrente gefährden könnte. Dies könnte im Falle weniger vermögender Anleger bereits die falsche Aktie sein, bei anderen die Überbetonung Steuer sparender geschlossener Fonds, die ebenfalls massive Verluste bringen können. Generell sollte Vorsicht bei diesen Anlageformen walten, wenn mit Anfang 50 die vorgezogene Altersrente ab 60 im Blickpunkt steht.

Bei den folgenden Kapitalanlagen sollten Sie vorsichtig sein, wenn Sie zusätzliche Altersvorsorge benötigen:

- Festverzinsliche Wertpapiere von Firmen mit geringer Bonität (»Schrottanleihen«),
- Aktien, die nicht an der Börse gehandelt werden (Telefonhandel),
- Genussscheine (wegen Beteiligung an Firmenverlusten),
- Fremdwährungsanleihen,
- Anlagen in geschlossenen Fonds, etwa in Immobilien, Flugzeuge, Schiffe oder selbst in Lebensversicherungen,
- Stille Beteiligungen an Firmen,
- Hedgefonds,
- Edelmetalle wie Silber oder Palladium.

Gute Beratung ist wichtig

Teure Fehler lassen sich vor allem durch solide und unabhängige Beratung vermeiden. Bevor Sie sich für eine bestimmte Anlage entscheiden, sollten Sie sich bei einer Bank Ihres Vertrauens oder der Verbraucherzentrale (www.vzbv.de) beraten lassen und anschließend bei mehreren Banken Angebote einholen. Das lohnt sich schon deshalb, weil nicht jede Bank bei jeder Sparform das günstigste Angebot haben kann.

TIPP

Schriftliches Beratungsprotokoll
Lassen Sie sich auf keine Anlageberatung ein, bei der Sie hinterher kein schriftliches Protokoll erhalten. Nur mit Beratungsprotokoll ist die Qualität der Beratung ablesbar und sind Fehler zu Ihren Lasten beweisbar.

Vorsicht vor falscher Anlageberatung

Schon häufig hat die Stiftung Warentest Fehler bei der Anlageberatung moniert. Nur selten findet sich ein Berater, der sich auf die persönliche Situation des Kunden einstellt. Oft würden wichtige Daten wie Einkommen und Vermögen nicht erfasst und nach Anlagezielen erst gar nicht gefragt werden, hielten die Verbraucherschützer den Bankprofis vor.

Die Mehrheit der Kunden wird nur noch mit Standardprodukten wie Festgeld, Sparbrief, Bausparen und hauseigenen Anleihen abgespeist. Ab 50.000 Euro Vermögen, mitunter auch erst 175.000 Euro, gelten Anleger als vermögende Kunden. Dann gibt es umfassende Betreuung durch gut ausgebildete Spezialisten.

Kapitel 3
Vermögenssicherung kurz vor dem Ruhestand

Der Übergang aus der Berufstätigkeit in die Altersrente vollzieht sich individuell; oft sind die Übergänge fließend. Wer vorzeitig in den Ruhestand will, muss Einiges bedenken, was bei Rentenbeginn mit 65 oder 67 erst später zu entscheiden ist. Die Vermögenssicherung wird ab 55 ein zentrales Thema, insbesondere wie die Ersparnisse nun sinnvoll zum Leben genutzt werden können.

Hier erfahren Sie alle entscheidenden Details rund die Vermögenssicherung kurz vor dem Ruhestand und auch danach.

Welche Lebensrisiken sollte ich ab 55 noch zwingend versichern?

Nichts ist für die Ewigkeit. So eine Zäsur erleben viele nach dem 50. Geburtstag, insbesondere dann, wenn die Kinder endgültig flügge sind und den elterlichen Haushalt verlassen. Auch weniger schöne Stufen auf der Lebenstreppe wie z.B. eine Scheidung sollten Anlass sein, den Versicherungsordner kräftig zu entrümpeln.

Risiken in der Lebensmitte

Zu den Risiken, denen gestandene Leute in der Lebensmitte ausgesetzt sind, zählen vor allem:

- Schadenersatzforderungen, die Sie selbst im privaten Bereich verursacht haben (Privathaftpflicht-Versicherung);
- Invalidität nach Unfall in der Freizeit (etwa nach einem Autounfall) oder durch Krankheit (Berufsunfähigkeits- oder Senioren-Unfallversicherung);
- Pflegebedürftigkeit (auch ab 55 noch preiswert versicherbar);
- Schutz des Eigenheims vor Feuer, Sturm und Leitungswasser (Wohngebäudeversicherung).

TIPP

Versicherungsschutz verringern
Ansonsten könnte der Versicherungsschutz ab 50 Stück für Stück verringert werden. Lösen Sie behutsam solche Verträge auf, deren Risiken nicht mehr unbezahlbar sind (vgl. nachfolgende Checkliste).

Wichtige Versicherungen ab 55

Ehepaar	Alleinstehende
unverzichtbar	
Privathaftpflicht	Privathaftpflicht
Kfz-Haftpflicht	Kfz-Haftpflicht
Berufsunfähigkeit	Berufsunfähigkeit
wichtig	
Hausrat	Hausrat
Kfz-Teilkasko	Kfz-Teilkasko
Pflege-Zusatz	Pflege-Zusatz
sinnvoll unter bestimmten Bedingungen	
Wohngebäude	Wohngebäude
Unfall[1]	Unfall[1]
Grundbesitzer-Haftpflicht[2]	Grundbesitzer-Haftpflicht[2]
Gewässerschaden-Haftpflicht[3]	Gewässerschaden-Haftpflicht[3]
Private Zusatz-Kranken	Private Zusatz-Kranken
Kfz-Vollkasko[4]	Kfz-Vollkasko[4]
Auslandsreise-Kranken	Auslandsreise-Kranken
Rechtsschutz[5]	Rechtsschutz[5]

1 nach der Berufstätigkeit

2 nur für Vermieter, Gemeinschaftseigentümer und Selbstnutzer (Zweifamilienhaus)

3 nur für Häuser mit Öl- oder Flüssiggas-Heizung

4 nur bei sehr teuren Autos

5 bei häufigen Konflikten in Verkehr, Wohnung, Arbeit (auch bei Streit um Betriebsrente)

TIPP

Pflegezusatz-Versicherung abschließen

Spätestens ab 55 ist eine private Pflegezusatz-Versicherung angeraten. Zur Auswahl stehen Pflegerenten-Tarife oder Pflegekosten-Tarife, die den vereinbarten Prozentsatz der anfallenden Pflegekosten übernehmen. Vgl. dazu Seite 106 ff.

Versicherungen – welche werden entbehrlich und wie kündige ich sie?

Für jede einzelne Versicherung gilt die Gretchenfrage spätestens ab 55: Komme ich weiterhin gut über die Runden, wenn ich auf den Vertrag verzichte? Nur wenn mit dem Vertrag der finanzielle Ruin verhindert wird, ist die Police wirklich wichtig. Daraus folgt, dass einige Versicherungen jetzt entbehrlich werden, also gekündigt werden, bzw. in diesem Alter nicht mehr abgeschlossen werden sollten (siehe nachfolgende Checkliste).

Entbehrliche Versicherungen ab 55

Ehepaar	Alleinstehende
weniger wichtig	
Reisegepäck	Reisegepäck
Sterbegeld	Sterbegeld
Basisrente	Basisrente
unsinnig	
Kapital-Leben[1]	Kapital-Leben[1]
Rente gegen laufenden Beitrag[1]	Rente gegen laufenden Beitrag[1]
Reparatur-Policen	Reparatur-Policen
Insassen-Unfall	Insassen-Unfall
Glasbruch	Glasbruch
Berufsunfähigkeit[1]	Berufsunfähigkeit[1]
	Risiko-Leben[1/2]

1 wenn sie erst ab 55 abgeschlossen wird

2 für Singles meist sinnlos, da keine nahen Angehörigen als Erben

Individuelle Umstände sind maßgebend

Im Einzelfall mag die Lage anders sein. So kann man durchaus zur Sterbegeld-Versicherung greifen, wenn die Altersvorsorge nicht so üppig ausfallen wird. Schließlich haben die Krankenkassen das Sterbegeld seit 2004 komplett gestrichen. Damit muss die Beerdigung zumeist aus eigenen Ersparnissen oder von den Hinterbliebenen bezahlt werden.

Mit 55 lohnt sich der Einstieg in eine Kapital-Lebensversicherung nicht mehr, weil die Versicherer wegen des fortgeschrittenen Alters des Kunden ein höheres Zahlungsrisiko für den Todesfall eingehen und sich dieses Risiko natürlich bezahlen lassen. So geht für die eigentliche Altersvorsorge zu viel Geld verloren.

Kündigung des Versicherungsvertrags

Wer seine Versicherung beenden will, muss den Vertrag kündigen. Wie das geht, steht auch im Kleingedruckten. Faustregel: Kündigen können Sie nur schriftlich, innerhalb bestimmter Fristen und mit eigenhändiger Unterschrift. Die Kündigung klappt im Regelfall, wenn Sie drei Monate zum Ablauf des Jahres als Kündigungsfrist einhalten. Lediglich in der Kfz-Versicherung gilt eine knappere Frist von nur einem Monat.

Unter Umständen kann man auch vor Ablauf des Jahres kündigen (außerordentliche Kündigung). Das klappt

- nach einem Schadenfall,
- bei jeder noch so geringen Beitragserhöhung,
- im Todesfall (durch die Angehörigen),
- nach Umzug in einen anderen Ort (Hausrat),
- beim Verkauf (Auto, Gebäude).

Privathaftpflicht-Versicherung – warum ist sie auch im Ruhestand unentbehrlich?

Schadenersatzforderungen, die den finanziellen Ruin bedeuten könnten, gehören zu den elementaren Lebensrisiken, die das Haushaltsbudget sprengen. Dieses Risiko bleibt lebenslang. Daher ist die mit Abstand wichtigste Versicherung für jeden Haushalt die Privathaftpflichtversicherung – auch in höherem Alter. Doch die fehlt in drei von zehn deutschen Haushalten.

Dabei schreibt das Bürgerliche Gesetzbuch vor, dass jeder, der einem anderen einen Schaden zufügt, dafür bezahlen muss. Unabhängig davon, ob Absicht oder Fahrlässigkeit im Spiel war. Und: unabhängig von Art und Höhe des Schadens. Sie müssen für Sachschäden ebenso gerade stehen wie für Schäden, die Sie Personen zufügen. In unbegrenzter Höhe, mit Ihrem gesamten Vermögen und unter Umständen ein Leben lang. Die Liste möglicher Ansprüche reicht von Reparaturkosten, Schmerzensgeld, Heilkosten, Verdienstausfall bis hin zur Rente für den Geschädigten oder die Hinterbliebenen.

Auf das Kleingedruckte achten

Allerdings unterscheidet sich das Kleingedruckte immer stärker, sodass man schon vergleichen muss, was fürs Geld geboten wird. Mieter (Verlust von Schlüsseln einer Schließanlage im Mehrfamilienhaus; Absicherung von Sachschäden in der

Mietwohnung) müssen andere Prioritäten setzen als Hauseigentümer (kleinere Bauvorhaben sollten mindestens bis 50.000 Euro beitragsfrei mitversichert sein). Mit und ohne Kinder unterscheidet sich die Risikosituation wiederum, wobei Ruheständler auf die Mitversicherung der Enkel achten sollten.

Was eine gute Privathaftpflicht-Police mindestens abdecken sollte

- Mindestversicherungssumme 3 Millionen Euro pauschal für Personen- und Sachschäden,
- Versicherungssumme für Mietsachschäden an gemieteten Räumen und Gebäuden bis mindestens 300.000 Euro,
- Allmählichkeitsschäden und Schäden durch häusliche Abwässer bis mindestens 3 Millionen Euro,
- Vermögensschäden bis mindestens 50.000 Euro,
- Schäden durch elektronischen Datenaustausch bzw. elektronische Internetnutzung bis mindestens 50.000 Euro.

TIPP

Günstige Versicherungsangebote

Traditionell preisgünstig zeigten sich in der Vergangenheit Gesellschaften wie Cosmos Direkt, VHV, Haftpflichtkasse Darmstadt und Europa. Günstige Angebote finden Sie im Internet, etwa bei solchen Vergleichsseiten wie www.versicherungsvergleich.de oder www.fss-online.de.

Können Rentner bei Versicherungen sparen?

Im Prinzip ja, aber die Versicherer sind nicht unbedingt an verringertem Schutz und damit niedrigerem Preis interessiert, sondern schnüren für die bekanntermaßen meist gut betuchte Zielgruppe häufig lieber umfangreiche Pakete, die zahlreiche und unnötig teure Extras enthalten, obwohl der Kunde sie kaum braucht. So genannte Senioren-Tarife gibt es zum Beispiel in der Unfallversicherung. Die reichen jedoch nicht an den Deckungsumfang privater Pflege-Policen heran.

TIPP

Police mit Hilfeleistungen

Einige Senioren-Unfallversicherer versichern den Oberschenkelhalsbruch mit, auch wenn der nicht auf einen Unfall zurückgeht. Dies ist günstig, weil der Bruch in höherem Alter oft zu einer bleibenden Behinderung führt. Viele Ältere haben zudem niemanden, der sich um sie kümmern kann. Da ist eine Police mit Hilfeleistungen (Assistance) sehr sinnvoll.

Praktische Hilfe statt nur reine Geldleistung

Im Trend liegt die zunehmende praktische Hilfe neben der reinen Geldleistung von Versicherungen (Assistance). Auch hier ist die Senioren-Unfallversicherung Vorreiter: Geboten wird nach einem Unfall neben den Geldleistungen bei dauerhaften

Unfallfolgen auch ein umfangreiches Assistance-Paket mit Hilfs- und Pflegeleistungen durch qualifiziertes Personal in der eigenen Wohnung. Motto: Die Unfallversicherung, die pflegt, wäscht, putzt und einkauft. Mit zunehmendem Alter wird die Begleitung zu Arzt oder Behörden, Einkaufsdienste, Hilfe bei Gartenarbeiten, Winterdienst und kleineren Handwerkstätigkeiten immer wichtiger.

Solche Unterstützung ist ohne Versicherung teuer: Wer nach einem Unfall vorübergehend auf fremde Hilfe angewiesen ist, wird weder über die gesetzliche Kranken- noch die Pflegeversicherung versorgt. Sich selbst Alltagshilfe zu organisieren, ist für Betroffene mühsam, Angebote der Dienstleister sind oft nicht transparent. Die private Versicherung schließt diese Lücke im Sozialversicherungssystem: Inhaber von privaten Unfall-, Kranken- und Pflege-Policen können sich Assistance-Leistungen hinzukaufen.

Unfall-Police mit Assistance-Modul

Inzwischen bieten 25 Versicherer eine Unfall-Police, die waschen, kochen und putzen kann. In Kombination mit mindestens einem anderen Unfall-Baustein kann das Assistance-Modul dazu gekauft werden. Kostenpunkt: 150 bis 250 Euro pro Jahr. Je nach Situation reicht die Hilfe häufig bis zu 6 Monate.

Wermutstropfen: Die Angebote gibt es derzeit noch nicht als eigenständige Assistance-Tarife, sondern nur in Verbindung mit einer Versicherung. Die Kopplung macht solche »Gesundheitsschutzbriefe« unnötig teuer.

Versicherung für Auslandsreisen – wie finde ich eine gute und preiswerte Absicherung?

Die private Auslandsreise-Krankenversicherung ist auch für Kassenpatienten unentbehrlich. Grund: Die Krankenkassen sind im Ausland nicht zuständig. Mit einer privaten Zusatz-Police sind die Kosten der ärztlichen Behandlung und des Krankenhausaufenthalts sowie Arzneikosten bis zur vereinbarten Höhe abgedeckt. Der Vertrag ist inhaltlich gut und zudem äußerst preiswert.

TIPP

Günstiger Versicherungsschutz

Der Schutz kostet überwiegend zwischen 5 und 14 Euro pro Person für Reisen, die insgesamt zumeist 42 Tage pro Jahr dauern dürfen. Familien können bei einigen Gesellschaften mit einer Familien-Police deutlich sparen (kostet vielfach knapp 20 Euro).

Kaum Unterschiede bei den Versicherungsleistungen

Bei den Leistungen unterscheiden sich die Gesellschaften kaum. Manche Versicherer zahlen bei Krankheit oder Unfall nicht nur den medizinisch notwendigen Rücktransport des Reisenden nach Deutschland, sondern auch im medizinisch sinnvollen Fall, also wenn er auch im Urlaubsland weiter versorgt werden könnte, aber zur besseren Behandlung lieber nach Hause will (siehe Tabelle).

Medizinisch sinnvoller Rücktransport abgedeckt (Auswahl)[1]

Gesellschaft	Jahresbeitrag (Euro)
Barmenia	6,00
HUK24	6,00
Debeka	6,00
HUK-Coburg Allgemeine	8,00
Arag	8,00
Gothaer	9,12
Hanse-Merkur	9,50
Central	10,00
LVM	11,00[2]

1 im Alter teurer, zumeist ab 60 oder 65; 2 ab zweitem Jahr: 9,00 Euro
Quelle: Bedingungen der Anbieter; Stand: April 2008

Nicht versichert sind unter anderem Zahnersatz, Massagen und Bäder, Brillen, Hörgeräte, Behandlung bei seelischer Erkrankung oder Krankheit im Zusammenhang mit Pflegebedürftigkeit sowie Behandlungen in Sanatorien und Kurhäusern.

Reisende mit Vorerkrankungen bekommen im Ernstfall Probleme. Grund: Diese Umstände sind zumeist schon vor Reiseantritt bekannt und Behandlungskosten vom Versicherungsschutz meist ausgeschlossen. Auch wer vor dem Auslandsurlaub bereits an Krampfadern, Herzerkrankungen oder anderen langwierigen Krankheiten leidet, sollte vor Vertragsabschluss genau das Kleingedruckte lesen.

Versicherung für Ältere

Der Standardvertrag reicht nicht für längere Auslandsaufenthalte und endet häufig im Alter von 70. Rentner, die länger im Ausland bleiben wollen, sollten sich von ihrer Krankenkasse diese neue Europäische Krankenversicherungskarte (EHIC) geben lassen und diese im EU-Gastland der Kasse vorlegen.

Private Pflege-Zusatzversicherung mit 55 oder 65 – lohnt sich das?

Unbedingt! Geld sollte spätestens mit 60 Jahren auch für die private Pflege-Zusatzversicherung da sein.

Geld für private Pflegeversicherung – woher nehmen?

- Wer mit 60 in Rente gehen will, bei dem scheidet das größte Risiko des Berufslebens aus – der Einkommensausfall durch Invalidität. Sie brauchen also keine Berufsunfähigkeitsversicherung mehr und sollten diese Police rechtzeitig kündigen. Häufig könnte sogar schon fünf Jahre vor planmäßigem Ende der Berufstätigkeit der richtige Zeitpunkt zum Kündigen gekommen sein.
- Aus den gleichen Gründen kann auch die Risiko-Lebensversicherung – sofern vorhanden – gekündigt werden, denn der Partner steht finanziell nicht mehr so heftig im Regen, falls der Ernährer stirbt.
- Das Einsparpotential einer der beiden Policen genügt, um sich eine angemessene Pflege-Police leisten zu können.

Manche Versicherer nehmen allerdings Neukunden nur bis zum Alter von 55 Jahren an – ein schweres Handicap. Zudem ist manches nicht auf den Bedarf zugeschnitten. Unter den privaten Krankenversicherern (PKV) werden zwei Formen angeboten.

Formen von Pflege-Versicherungen der privaten Krankenversicherung

Pflegekosten: Der Versicherer beteiligt sich bis zu einer festgelegten Obergrenze nur an den reinen Pflegekosten. Und zwar an den Restkosten, die nach den Leistungen der gesetzlichen Pflegeversicherung übrig bleiben. Der Kunde muss sie durch Belege nachweisen.

Tagegeld: Die Höhe hängt von der Pflegestufe ab; die tatsächlichen Pflegekosten spielen keine Rolle. Die Police empfiehlt sich für Versicherte, die später wahrscheinlich von Angehörigen zu Hause versorgt werden und die im Pflegefall frei über das Geld verfügen wollen.

Für diese Pflegeergänzungs-Versicherung zählen vor allem Angaben zu Kurzzeitpflege, Pflegehilfsmitteln, Pflegeleistung, teilstationärer Pflege und vollstationärer Pflege. Für die Altersgruppe ab 65 gibt es nur wenige Angebote (Arag, Continentale, DKV). Kostenpunkt: ca. 70 Euro Monatsbeitrag.

Beim Pflegetagegeld zählen vor allem Angaben zur Beitragsbefreiung bei Pflege, zum verlangten Grad der Pflegebedürftigkeit, zu Warte- und Karenzzeiten sowie die Leistungen in den einzelnen Pflegestufen. Bei 50 Euro Tagegeld im Pflegefall (Vertragsabschluss mit 65) bietet noch ein Dutzend Versicherer Tarife. Kostenpunkt: ca. 50 Euro Monatsbeitrag.

TIPP

Sinnvolle Policen

Sinnvoll scheinen Policen zu sein, die vor allem in Pflegestufe 3 ohne Abstriche zahlen, im Pflegefall auf Beitragsweiterzahlung verzichten und keine langen Warte- und Karenzzeiten abfordern.

Was tun, wenn die Lebens-, Renten-, Riester- oder Basisrentenversicherung fällig wird?

Dann gibt es endlich die lang ersehnte Auszahlung. Nichts geht jedoch bei Versicherern automatisch und von allein. Im Versicherungsfall muss die Gesellschaft informiert werden – bei Tod sogar innerhalb von 48 Stunden durch die Angehörigen. Erleben Sie den Ablauf der Kapital-Lebens- oder Rentenversicherung, so werden Sie meist einige Wochen vorher angeschrieben und nach den Zahlungsmodalitäten gefragt.

TIPP

Kopie der Police und des letzten Kontoauszugs

Bevor das Geld auf ein Konto Ihrer Wahl überwiesen wird, will der Versicherer den Versicherungsschein im Original zugeschickt haben, mitunter auch die letzte Beitragsquittung (Kontoauszug). Machen Sie sich vorher unbedingt zur Sicherheit eine Kopie, falls das Original unterwegs verloren geht.

Falls der Versicherte das Ende der Laufzeit nicht mehr erlebt, möchte der Versicherer vor der Auszahlung eine Sterbeurkunde. Bei Versicherungen, die ohne Gesundheitsprüfung abgeschlossen wurden, wird zudem der Nachweis der Todesursache verlangt. Dazu genügt meist eine Kopie des Totenscheins, in seltenen Fällen ein ausführliches ärztliches Zeugnis über die Todesursache.

Auszahlung der Versicherungssumme

Das Geld erhält der Versicherte, also Sie. Falls der Versicherte schon vor Ablauf des Vertrages gestorben ist, erhält der im Versicherungsschein genannte Bezugsberechtigte das Geld. Er muss nicht unbedingt zu den Erben gehören (z. B. ein guter Freund) und kann in diesem Falle auch nicht zur Bezahlung der Bestattung verpflichtet werden. Ist kein Bezugsberechtigter im Vertrag genannt, fällt die Summe in das Erbe.

Auszahlung der Gesamtsumme oder in Teilbeträgen

Erleben Sie als Versicherter den glücklichen Moment der Auszahlung ihrer Lebens- oder Rentenversicherung selbst, so können Sie wählen zwischen der einmaligen Auszahlung der Gesamtsumme (Kapitalwahlrecht) oder der monatlichen Auszahlung von kleinen Teilbeträgen (Rente). Das gilt allerdings nur eingeschränkt für Riester-Renten (maximal 30 Prozent Kapitalauszahlung erlaubt) und Basisrenten (Kapitalauszahlung verboten).

TIPP

Gesamtsumme auszahlen lassen

Lassen Sie sich die fällige Lebens- oder Rentenversicherung auszahlen. Sie können dann über das gesamte Kapital verfügen und bleiben damit finanziell flexibel.

Leider wird das Geld nicht immer zu 100 Prozent überwiesen. Bei Verträgen vor 2005 wird bei Kapitalwahlrecht alles steuerfrei ausgezahlt, bei Verrentung wird jeden Monat ein Ertragsanteil abgezogen (vgl. Seite 110 f., 128 ff.).

Kapital aus der Lebensversicherung – wie kann ich es möglichst steuerfrei kassieren?

Jahrzehntelang war die Kapital-Lebensversicherung in Deutschland ein lupenreines und überdies sehr sicheres Steuersparmodell. Schon die Einzahlungen konnten als Sonderausgaben von der Steuer abgesetzt werden. Und auch die Auszahlung als Kapitalabfindung konnte völlig frei von Einkommensteuer kassiert werden. Dafür mussten Anleger nur die folgenden Voraussetzungen erfüllen:

- mindestens 12 Jahre Laufzeit des Vertrages,
- mindestens 5 Jahre lang Einzahlung laufender Beiträge (Einmalzahlung wurde nicht gefördert),
- Todesfallschutz in Höhe von mindestens 60 Prozent der garantierten Versicherungssumme.

Unter diesen Bedingungen bleibt es bei voller Steuerfreiheit der Kapitalabfindung für alle Anleger, die bis 31.12.2004 einen Vertrag unterschrieben hatten und im Laufe der nächsten Jahre ihre Auszahlung erwarten.

Für Kapital-Lebensversicherungen, die vor 2005 abgeschlossen wurden, aber eine der oben genannten drei Bedingungen nicht erfüllen, gilt: Bei der Auszahlung sind 25 Prozent Abgeltungsteuer (Sparerfreibetrag: 801 Euro pro Jahr und Person 2010) fällig.

Private Rentenversicherung

Im Gegensatz zur Kapital-Lebensversicherung wird die private Rentenversicherung lebenslänglich jeden Monat besteuert, aber nur mit dem so genannten Ertragsanteil. Zur Erklärung: Da das Beitragsgeld sich im Laufe der Jahre verzinst hat, stecken in jeder Rente auch Zinsen (Ertragsanteil).

Seit 2005 gelten sogar geringere Steuersätze als zuvor – auch für Privatrenten, die schon vor 2005 abgeschlossen worden sind. Lebenslänglich bleibt es bei dem Satz, der bei der erstmaligen Rentenzahlung maßgeblich ist (siehe Tabelle).

So viel Privatrente wird besteuert (Ertragsanteil in Prozent)

Alter bei Rentenbeginn	Besteuerung	Alter bei Rentenbeginn	Besteuerung
60	22	65	18
61	22	66	18
62	21	67	17
63	20	68	16
64	19	69	15

Neuabschlüsse von Kapital-Lebensversicherungen

Für Neuabschlüsse von Kapital-Lebensversicherungen seit 1.1.2005 sieht es schlechter aus: Sie sind im Prinzip zu 100 Prozent einkommensteuerpflichtig. Ausnahme: Die Erträge werden nur zu 50 Prozent besteuert, wenn

- im Vertrag mindestens 12 Jahre Laufzeit vereinbart sind und
- die Auszahlung erst nach Vollendung des 60. Lebensjahrs erfolgt.

Fließt die Rente weiter, wenn ich sterbe?

Leider – wie auch die gesetzliche Altersrente – nicht. Anders bei der Kapital-Lebensversicherung: Ist die Auszahlung schon auf Ihrem Konto eingegangen, so gilt im Todesfall: Das Vermögen fällt in die Erbmasse; gegebenenfalls wird Erbschaftssteuer für die Nachfahren fällig. Das ist bei einer privaten Rentenversicherung anders. Hier muss zwar keine Erbschaftssteuer gezahlt werden, aber der Versicherer überweist ja immer nur scheibchenweise eine Rente – bis ans Lebensende. Wenn der Privatrentner nun stirbt, ist Schluss. Hatte er ein langes Leben, war es gut für den Kunden. Starb er recht früh, machte der Versicherer ein gutes Geschäft.

Genau genommen ist die private Rentenversicherung eine Wette auf den Tod. Die private Zusatzrente wird nämlich lebenslang gezahlt, auch wenn die Summe der Auszahlungen den eingezahlten Beitrag übersteigt.

Nimmt die Lebenserwartung aber weiter zu, muss das Geld noch länger als heute reichen. Demzufolge müssen die Überschüsse für die einzelnen Kunden entsprechend gekürzt werden. Es bleibt zwar bei der vereinbarten Garantierente, aber die Überschussrente fällt geringer oder ganz aus.

Unter Umständen bleibt Kapital teilweise erhalten

Um Härtefälle zu vermeiden und die private Rentenversicherung nicht durch solche Abschreckung unverkäuflich zu machen, haben die Versicherer sich Beruhigungspillen einfallen lassen.

Was die Vererbbarkeit betrifft gilt Folgendes:

- Versicherung der reinen Altersrente: keine Vererbung nach der ersten Rentenzahlung.
- Bei Tod vor Beginn der Leistungsphase: Auszahlung aller eingezahlten Beiträge und Überschüsse an die Erben.
- Vereinbarung einer Rentengarantiezeit von 5 oder 10 Jahren für die Erben (Kostenpunkt: 2,5 bis 5 Prozent der reinen Altersrente)

Deutlich niedrigere Beiträge gegenüber der Kapital-Lebensversicherung

Eigentlich handelt es sich bei der Privatrente um überhaupt keine Versicherung, sondern eine reine Geldanlage: Gegen Beitragszahlung wird der Anspruch erworben, ab einem vereinbarten Termin lebenslang eine monatliche Rente zu beziehen. Daher auch die häufig verwendete Bezeichnung Leibrente. Gegenüber einer Kapital-Lebensversicherung ist der Beitrag deutlich niedriger, weil im Todesfall keine oder kaum eine finanzielle Leistung für die Hinterbliebenen gezahlt wird.

TIPP

Sichere Altersvorsorge

Die Privatrente ist besonders interessant für jene, die ausschließlich etwas für die eigene Altersvorsorge tun wollen, denen aber Fonds oder Aktien nicht sicher genug erscheinen. Realistisch sind 4 Prozent Rendite. Lohnenswert ist sie für diejenigen, die kurz vor der Altersrente stehen, sich bester Gesundheit erfreuen und die begründete Hoffnung haben, viel älter zu werden als der Durchschnitt.

Betriebs-, Riester- und Basisrenten – sind sie vererbbar?

Riester-Verträge können zwar vererbt werden, in vielen Fällen verlangt der Staat dann aber die Zulagen und steuerlichen Vorteile zurück (»schädliche Verwendung«); dann wird auch Erbschaftssteuer fällig. Positive Ausnahme: Bei Ehepaaren darf die Witwe bzw. der Witwer die Zulagen und Steuervorteile behalten – falls das Vermögen auf einen eigenen Riester-Vertrag übertragen wird.

Vererbung bei Tod in der Leistungsphase von Riester-Produkten

- *Riester-Banksparplan:* Der Erbe erhält nur noch den vorhandenen Restbetrag aus dem Sparplan, der noch vorhanden ist. Stirbt der Sparer erst in der so genannten Restverrentungsphase (ab 85), ist Vererben nicht mehr möglich.
- *Riester-Fondssparplan:* Analog zu Riester-Banksparplan. Besonderheit bei Tod in der Ansparphase: Die Beitragsgarantie gilt erst zum Auszahlungsbeginn (ab 60). Bei früherem Tod kann es zu Kursverlusten gekommen sein, sodass das Riester-Erbe weniger wert sein kann als die Summe aller eingezahlten Beiträge.
- *Riester-Rentenversicherung:* Vererben ist von Beginn der ersten Rentenzahlung an nicht mehr möglich. Ausnahme: Man vereinbart von vornherein eine Rentengarantiezeit oder eine Hinterbliebenen-Zusatzversicherung für Ehepartner oder Kind.

Basisrente

Die Basisrente ist grundsätzlich nicht vererbbar. Das heißt: Die eingezahlten Beiträge inklusive der Steuernachlässe fallen im Todesfall an die Versichertengemeinschaft. Dies gilt auch bei Tod in der Auszahlungsphase: Ohne Zusatzvereinbarungen bleibt das eingezahlte Geld beim Versicherer. Zum Schutz von Angehörigen empfehlen sich ähnlich wie bei Riester-Policen Rentengarantiezeiten oder Hinterbliebenenrente.

Betriebsrente

Bei Tod können Ansprüche grundsätzlich nicht an Angehörige weitergegeben werden. Weder die eingezahlten Beiträge noch die Steuervergünstigungen sind vererbbar.

Zur Absicherung der eigenen Familie sind jedoch Verträge mit Hinterbliebenenschutz möglich. Ansprüche dürfen dann nur in den engen Grenzen des Einkommensteuergesetzes an Ehepartner, Lebenspartner und Kinder ausgezahlt werden.

So sieht die »Vererbung« von Betriebsrenten aus:

- Bezugsberechtigt im Todesfall ist immer zuerst ein Ehepartner.
- Fehlt der Ehepartner, geht die Rente an unterhaltsberechtigte Kinder, solange Anspruch auf Kindergeld besteht. Spätestens mit 25 ist Schluss, bei Wehr- oder Zivildienst entsprechend länger.
- Sind weder Ehepartner noch Kinder vorhanden, kann der Lebenspartner die Betriebsrente erhalten, falls beim Arbeitgeber des eigentlich Begünstigten Name, Geburtsdatum und Adresse angegeben waren.
- Wenn kein Angehöriger berechtigt ist, kann ein Sterbegeld von maximal 8.000 Euro an die Erben ausgezahlt werden.

Wie sollte die Vermögensverwaltung nach dem Berufsausstieg aussehen?

Es geht es um das optimale Verhältnis von Verbrauch und Kapitalerhalt, um den Lebensabend, der zunehmend 25 Jahre und mehr dauert, finanziell unbeschwert verbringen zu können.

Abdeckung des persönlichen Bedarfs

Jetzt zeigt sich, ob die Altersvorsorge für den persönlichen Bedarf und den fünf Jahre vorverlegten Berufsausstieg zugeschnitten war. Haben Sie alles richtig gemacht, wird es keine bösen finanziellen Überraschungen geben.

Reicht das Geld ab 60?

1. Gesetzlicher Rentenanspruch abzüglich Abschläge	________ Euro
2. Monatlicher Hinzuverdienst bis 65	________ Euro
3. Einnahmen aus Vermietung / Verpachtung	________ Euro
4. Betriebsrente	________ Euro
5. Geldanlagen (in Monatsrente umgerechnet)	________ Euro
6. Auszahlung Lebens- oder Rentenversicherung	________ Euro
7. Riester-Rente	________ Euro

8. Basisrente __________ Euro
9. Erbschaft __________ Euro
10. Geld vom Staat (z.B. Invalidenrente) __________ Euro

Rentner haben neben gesetzlicher Altersrente und womöglich Betriebsrente vielfach noch 1.000 Euro Zusatzrente angespart. Das entspricht ungefähr der Umwandlung von 200.000 Euro Kapital in eine lebenslange Monatsrente (bei rund 21 Jahren Lebenserwartung ab 65).

Altersrentner geben ihr Geld nicht nur aus – im Gegenteil: viele sparen weiter. Das hat den Vorteil, dass das Vermögen zwar Stück für Stück für den Alltag genutzt wird, sich jedoch mit dem anfangs überwiegenden Rest weiter verzinsen kann (siehe Tabelle).

Wie im Rentenalter Geld angelegt wird[1]

Alter	Sparbuch	Bausparen	Versicherung	Wertpapiere	Sonstiges
65 – 69	23,9	4,0	12,7	32,6	26,9
70 – 74	32,3	3,0	8,2	31,1	25,4
75 – 79	32,3	2,4	6,3	33,1	25,9
ab 80	38,3	1,3	4,1	33,4	22,8

1 Angaben in Prozent des gesamten Anlagebetrages
Datenquelle: DIA »Die Deutschen und ihr Geld« (2001)

TIPP

Richtiges Verhältnis zwischen Verbrauch und Erhalt des Kapitals

Nun kommt es auf das richtige Verhältnis zwischen Verbrauch und Erhalt des Kapitals an. Das ist schnell gefunden: Sie entnehmen den gewünschten Monatsbetrag, der sich nach Vorliegen erster Erfahrungswerte – etwa nach einem halben Jahr – korrigieren lässt. Das vorhandene Geldvermögen wird mit möglichst hoher Verzinsung angelegt.

Wie schaffe ich das richtige Verhältnis von Verbrauch und Kapitalerhalt?

Das Geld wird im Ruhestand ja nicht auf einen Schlag verbraucht, sondern nach einem monatlichen Auszahlplan, den Sie jederzeit ändern können, entnommen. Hier kommt es auf die gewünschte Balance an. Dabei müssen Sie nur eine Entscheidung treffen:

- Soll das Kapital so in monatliche Auszahlungen eingeteilt werden, dass am Ende nichts übrig ist (Kapitalverzehr),
- oder in solche Monatszahlungen, dass am Ende das gesamte Geld noch erhalten ist, weil nur die laufenden Erträge entnommen werden (Kapitalerhalt)?

Auzahlplan mit Kapitalerhalt

Sie sollten zunächst eine Vorstellung davon bekommen, wie lange Ihre Ersparnisse reichen würden. Beginnen wir mit der vorsichtigsten Variante, dem Kapitalerhalt (siehe Tabelle).

Auszahlplan mit Kapitalerhalt[1]

Gesamtsumme (in Euro)	Monatsrente (Euro) bei Wertsteigerung von … Prozent		
	5	6	7
50.000	203	243	282
100.000	407	486	565
150.000	512	730	848
200.000	810	970	1.130

250.000	1.020	1.217	1.413
300.000	1.221	1.458	1.695
Ihre Summe	______	______	______

[1] So viel kann auf Lebenszeit entnommen werden, ohne die Gesamtsumme anzugreifen

Auszahlplan mit Kapitalverzehr

Die riskanteste Variante dagegen wäre der völlige Verbrauch des Geldes, der Kapitalverzehr. Riskant deshalb, weil das private Geldvermögen früher oder später aufgebraucht ist und Ihnen dann womöglich nur noch die gesetzliche Altersrente bleibt. Dies schränkt den finanziellen Spielraum in höherem Alter erheblich ein, obwohl dann unter Umständen hohe Pflegekosten anfallen (siehe Tabelle).

Auszahlplan mit Kapitalverzehr[1]

Gesamtsumme (Euro)	Entnahme (Jahre)	Monatsrente bei Kapitalverzinsung von … Prozent		
		5	6	7
50.000	5	562	575	587
	10	315	329	343
	15	235	250	265
	20	196	211	227
100.000	5	1.874	1.916	1.958
	10	1.050	1.096	1.144
	15	782	832	882
	20	652	707	762
200.000	5	3.748	3.832	3.916
	10	2.100	2.192	2.288
	15	1.564	1.664	1.764
	20	1.304	1.408	1.516

1 mit renditeorientiertem Ablauf; am Ende steht das Konto auf Null

Auszahlpläne von Geldanlagen – wie sollten sie beschaffen sein?

Dahinter verbirgt sich nichts anderes als eine Verrentung des Bankguthabens – wiederum entweder mit Kapitalerhalt oder Kapitalverzehr. Das ist bei Banken nicht unbedingt sinnvoll (vgl. Seite 122 f.). Anders bei Guthaben von Investmentfonds-Sparplänen. In punkto Flexibilität sind sie unschlagbar:

- *Kündigungsfrist oder Durchhaltezeit:* Ausstieg zu jeder Zeit ohne Kündigungsfrist und ohne Verluste möglich.
- *Flexible Auszahlung:* Jede Variante der Auszahlung ist möglich, vom kompletten Verbrauch des Geldes bis hin zum Kapitalerhalt.

Finanzbedarf ermitteln

Anleger sollten sich zunächst fragen: Wie lange brauche ich monatlich voraussichtlich welchen Betrag? Bei den Antworten hilft die folgende Tabelle, die für jedermann interessant ist, da sich die Beträge entsprechend teilen lassen.

So lange reichen 100.000 Euro bei Kapitalverzehr

Kapitalverzehr in Jahren	Monatsrente bei Kapitalverzinsung von … Prozent		
	4	6	8
10	1.012	1.110	1.213
15	740	844	956
20	606	716	836
25	528	644	772
30	477	600	734

Stehen weniger als 100.000 Euro zur Verfügung, können Sie entsprechend geringere Beträge verbrauchen, bis das Kapital aufgezehrt ist. Bei 10.000 Euro Kapital wären zum Beispiel bei 4 Prozent Verzinsung 52,80 Euro Monatsrente möglich; das Konto würde dann nach 25 Jahren auf Null stehen.

Über alternative Kapitalanlagen nachdenken

Am besten für aktive Ruheständler mit Ambitionen für Investmentfonds ist ein renditeoptimierter Ablaufplan. Dabei werden zum Beispiel kurzfristig sichere Geldmarktfonds mit langfristig renditestarken Aktienfonds gemischt. Je nach Börsenlage wird das Geld im »Topf« vom Vermögensverwalter umgeschichtet. So werden zum Beispiel in guten Zeiten an der Börse Aktien verkauft und Kursgewinne realisiert sowie mit dem Ertrag die Anteile im Geldmarktfonds aufgestockt.

BEISPIEL

Wenn Sie Ihr Vermögen von 100.000 Euro nach und nach verzehren wollen und es gleichzeitig schaffen, das Geld für 4 Prozent Rendite pro Jahr anzulegen, können Sie jeden Monat 528 Euro zum Leben entnehmen. Das Konto stünde dann nach 25 Jahren (bei Start mit 60 als dann mit 85) auf Null.

Aber: Im Ruhestand sind Liquidität und Versorgung für die finanziellen Rücklagen wichtiger als Rendite. Es kommt ganz und gar auf Sicherheit und Verfügbarkeit an. Insofern sind auch Geldmarktfonds, die ungefähr 2 Prozent Rendite bringen, keine schlechte Wahl für einen Teil der Rücklagen, weil damit zumindest die Kaufkraft erhalten wird. Alternativ zu Fonds bieten sich auch festverzinsliche Auszahlpläne oder eine private Rentenversicherung an.

Verrentung von Bankguthaben oder Eigenheim – ist das sinnvoll?

Wer mit 60 oder 65 endlich uneingeschränkt über das Ersparte verfügen und damit flexibel fürs Alter planen kann, sollte sich nicht mit falschen, unflexiblen Geldanlagen knebeln lassen. Um lange gut davon leben zu können, sollte das Geld sich selbst möglichst gut vermehren. Es stellt sich die Frage: Wohin damit? Typische Antwort der Banken: in einen Rentenplan. Dies ist für den Ruheständler jedoch nicht optimal.

BEISPIEL

Bei einem Kapital von 100.000 Euro und einer Rendite von 6 Prozent ergeben sich 6.000 Euro Zinsen pro Jahr und damit entweder eine Rente von 800 Euro monatlich, die 16 Jahre reicht und dann aufgezehrt ist, oder eine lebenslange Rente von 487 Euro monatlich, die das Kapital in voller Höhe von 100.000 Euro erhält. Abgeltungssteuer geht davon allerdings noch ab.

Rentenplan der Banken

Wer zum Rentenstart 100.000 Euro verfügbar hat und daraus jeden Monat eine Zusatzrente abziehen will, den Rest aber günstig weiterarbeiten lassen möchte, dem macht die Bank meist so ein Angebot: Die Gesamtsumme wird auf ein Sparbuch eingezahlt und es beginnt meist auch sofort die monatliche Rentenzahlung. Zur Auswahl steht ein Auszahlplan mit Kapitalverzehr oder Kapitalerhalt.

Zinssatz und Rentenhöhe werden von der Bank für eine bestimmte Zeit (meist minimal 4 Jahre) festgeschrieben – höhere

Abhebungen als vereinbart sind dann zumeist nicht drin. Am Ende der Zinsfestschreibung können Sie sich das gesamte Geld auszahlen lassen oder für eine weitere Frist neue Konditionen aushandeln.

Die Stiftung Warentest empfiehlt den Rentenplan der Bank überhaupt nur, wenn eine kleine Summe zur Verfügung steht. Allerdings bleibt auch dann das Manko bestehen, dass Sie sich für einige Jahre auf die vereinbarte monatliche Auszahlung beschränken müssen und außerplanmäßige Ausgaben (zum Beispiel eine Weltreise oder plötzliche Pflegebedürftigkeit) erst zum Ende der Laufzeit decken können.

Falls Sie vorher sterben, so kommen die Erben erst am Ende der Vertragslaufzeit ans Geld. Ausweg: Auszahlpläne mit Investmentfonds, weil die in der Regel höhere Rendite bringen und Sie an keinerlei Laufzeit gebunden sind (vgl. dazu Seite 120 f.).

Verrentung von Immobilien

Noch problematischer ist die Verrentung von Immobilien: Hauseigentümer können ihr Eigenheim verkaufen, aber nicht den vollen Kaufpreis kassieren, sondern sich vertraglich eine lebenslange Rente sichern. Häufig wird dies praktiziert, wenn der Käufer aus der eigenen Familie kommt und womöglich noch ein lebenslanges Wohnrecht vereinbart wird (vgl. Seite 82 f.).

Vorteil: Familien können dank erhöhter Freibeträge weiter steuerfreu erben und vererben, schenken und geschenkt bekommen. Das selbst genutzte Familienheim bleibt so vom Fiskus weitgehend verschont.

Wie sicher sind meine Ersparnisse und worauf muss ich achten?

Banken, Investmentfonds-Gesellschaften, Bausparkassen und Lebensversicherer können bei einem Zusammenbruch für die Einlagen der Sparer haftbar gemacht werden. Dafür sorgen so genannte Einlagensicherungsfonds. Wer sich die Banken nicht genau anschaut, kann auf einem Teil des Schadens sitzen bleiben. Den Durchblick erschweren unterschiedliche Sicherungssysteme.

Einlagensicherung in Deutschland

- *Sparkassen:* Hier sind die Einlagen in voller Höhe abgesichert; es existieren regionale Sicherungssysteme zwischen den einzelnen Sparkassen.
- *Volks- und Raiffeisenbanken:* Hier sind die Einlagen ebenfalls zu 100 Prozent abgesichert. Dafür sorgt eine bundesweite Sicherungseinrichtung (Garantiefonds).
- *Privatbanken:* Der Einlagensicherungsfonds garantiert, dass jede Anlagesumme bis zur Höhe von 30 Prozent des haftenden Eigenkapitals abgesichert ist. Umgerechnet sind das mindestens 1,5 Millionen Euro pro Kunde.

Ausnahme bei Privatbanken: Lediglich Inhaberschuldverschreibungen von Privatbanken, also festverzinsliche Wertpapiere dieser Kreditinstitute, sind im Gegensatz zu Schuldverschreibungen von Sparkassen und Volksbanken nicht abgesichert.

Vorsicht bei Privatbanken

TIPP

Nicht jede Privatbank ist dem freiwilligen Sicherungsfonds angeschlossen. In diesen Fällen gilt nur die schlechtere gesetzliche Einlagensicherung: Per Gesetz sind 90 Prozent der Einlagen, höchstens 20.000 Euro pro Kunde, vor Verlust im Insolvenzfall der Bank geschützt. Zehn Prozent des Schadens gehen bei einer Pleite zu Lasten des Kunden. Seit 1. Januar 2009 gelten in der EU mindestens 50.000 Euro Einlagen als sicher, ab 2010 sogar 100.000 Euro (siehe Tabelle).

Einlagensicherung in der EU

Einige EU-Länder garantieren per Gesetz etwas höheren Schutz.	
Land	Höchstbetrag[1] (in Euro)
Italien	103.000
Frankreich	70.000
Dänemark	50.000
Schweden	50.000
Großbritannien	54.000[2]
Belgien	50.000
Deutschland	50.000[3]
Irland	50.000[3]
Luxemburg	50.000
Niederlande	50.000
Spanien	50.000

1 mitunter wird besserer Schutz geboten als per EU-Richtlinie gefordert

2 90 Prozent der Einlage, maximal 50.000 britische Pfund (auf Kanalinseln Guernsey und Jersey gilt keine Einlagensicherung)

3 90 Prozent der Einlage, maximal 50.000 Euro

Einige ausländische Banken sind dem Einlagensicherungsfonds der deutschen Privatbanken beigetreten, der Ersparnisse von mindestens 1,5 Millionen Euro pro Kunde absichert. Dazu gehören die niederländische ABN Amro Bank, die spanische Banco Santander Central Hispano oder die dänische Den Danske Bank.

Kapitel 4
Steuern im Rentenalter

Nicht nur Berufstätige zahlen Steuern, auch Rentner müssen häufig eine Einkommensteuererklärung abgeben. Und die Einkünfte werden vielfach mit dem Finanzamt geteilt – bei Altersrente und Pension ebenso wie beim Erbe, bei Immobilien und sonstigem Vermögen im In- und Ausland.

In diesem Kapitel erfahren Sie alle entscheidenden Details rund die Steuern im Rentenalter. Besonderes Augenmerk gilt der neuen Abgeltungssteuer ab 2009 für Geldanlagen.

Was ändert sich mit dem Ruhestand bei Steuern auf Einkommen?

MUSTER

Finanzamt ______ Ort,

ESt-Nr. .../ Antrag auf Nichtveranlagung

Sehr geehrte Damen und Herren,

wegen geringer Einkünfte von derzeit nur ... Euro pro Jahr (siehe Kopie des Rentenbescheids) beantrage ich, ab sofort nicht mehr zur Einkommensteuer veranlagt zu werden.

Sollten sich meine Einkommensverhältnisse deutlich verbessern, werde ich unverzüglich wieder die steuerliche Veranlagung beantragen. Da ich aber keinen größeren Zuwachs (Erbschaft) erwarte, ist nicht damit zu rechnen.

Mit freundlichen Grüßen

Sie zahlen wahrscheinlich weniger Steuern, weil die Rente geringer als der bisherige Lohn ausfällt. Für die Einkommensteuer gelten folgende Einkünfte als Besteuerungsgrundlagen: Land- und Forstwirtschaft, Gewerbebetrieb, selbständige Arbeit, nichtselbständige Arbeit (Arbeitnehmer), Kapitalvermögen, Vermietung und Verpachtung sowie sonstigen Einkünfte (etwa Rente oder Pensionen). Damit können Rentner im Ruhestand folgende Einkünfte haben:

- Kapitalvermögen,
- Vermietung und Verpachtung und
- sonstige Einkünfte.

Einkommensteuer, Solidaritätszuschlag, Kirchensteuer

Unterm Strich muss jeder aus den steuerpflichtigen Einkünften oberhalb eingeräumter Freibeträge Einkommensteuer zahlen. Von jedem Euro sind je nach Einkommen zwischen 15 und 42 Cent zu zahlen. Hinzu kommt ein Solidaritätszuschlag für Aufwendungen in den östlichen Bundesländern (5,5 Prozent der festgesetzten Einkommensteuer). Diese Ergänzungsabgabe, die übrigens im Westen und im Osten bezahlt werden muss, gilt in gleicher Höhe für alle Sparer, die Abgeltungssteuer zahlen müssen. Je nach Kirchenzugehörigkeit wird auch noch Kirchensteuer auf das Einkommen erhoben (8 bis 9 Prozent der festgesetzten Einkommensteuer).

Rentner, die zusätzlich zur Rente noch arbeiten und damit Geld verdienen, werden praktisch wie Arbeitnehmer besteuert: je höher die Einkünfte an Lohn Rente, Kapitalertrag usw. zusammen, desto höher die Einkommensteuer.

TIPP

Einkommensteuererklärung ab 7.664 Euro im Jahr

Eine Einkommensteuererklärung für Ruheständler ist streng genommen Pflicht, wenn die steuerpflichtigen Einkünfte über 7.664 Euro liegen (Ehepaare: über 15.329 Euro). Tatsächlich gilt aber in der Praxis: Wenn Sie weniger als 8.501 Euro pro Jahr erzielen (= 708,42 Euro pro Monat), brauchen Sie keine Einkommensteuer zu zahlen. Beantragen Sie beim Finanzamt eine Nichtveranlagungsbescheinigung (siehe Musterbrief auf Seite 128). Sie werden dann im Steuerverzeichnis gestrichen und haben mindestens drei Jahre lang Ruhe vor dem Fiskus.

Steuern auf Geldanlagen – auf was muss ich achten?

Bis Ende 2008 galt: Zinsen und Dividenden oberhalb des Sparerfreibetrags (801 Euro pro Person) werden nach dem persönlichen Einkommensteuersatz besteuert. Kursgewinne, Dividenden und Veräußerungsgewinne werden nach dem Halbeinkünfteverfahren berechnet, was 50 Prozent Steuerfreiheit oberhalb des Freibetrages bedeutet. Unterm Strich bleiben bei festverzinslichen Wertpapieren, die 5,0 Prozent Zinsen bringen, maximal ein Anlagebetrag von 16.020 Euro steuerfrei.

Abgeltungssteuer ab 2009

Seit 1.1.2009 gilt eine neue Steuerrechnung. Kursgewinne, Dividenden und Zinserträge sind zu 25 Prozent steuerpflichtig (Abgeltungssteuer). Hinzu kommen – wie zuvor – Solidaritätszuschlag (damit steigt die Abgeltungssteuer auf rund 26,275 Prozent) und gegebenenfalls Kirchensteuer (dann insgesamt 28 Prozent). Dafür entfallen eine höhere Kapitalertragsteuer nach individuellem Einkommen, Halbeinkünfteverfahren sowie Spekulationsbesteuerung.

Folge: Durch diesen Ansatz verlieren Zinsanleger mit niedrigem Einkommen (Steuersatz unter 25 Prozent – häufig Rentner) sowie Aktienanleger. Gewinnen dürften Anleger mit Zinsansammlung (Zerobonds; Bundesschatzbriefe Typ B), da keine Progression des Steuersatzes im Auszahlungsjahr mehr droht. Nachteil auch für Börsianer: Dividenden und Kursgewinne werden zu je 25 Prozent (+ Solidaritätszuschlag und gegebenenfalls Kirchensteuer) besteuert.

Mischfonds

TIPP

Gemischte Fonds für konservative Anleger

Für konservativere Anleger rücken gemischte Fonds in den Fokus. Insgesamt sind über 1.000 gemischte Fonds in Deutschland zugelassen. Gemischte Fonds können sowohl in Aktien als auch in Rentenpapiere investieren, sie kombinieren Wachstumschancen der Aktienengagements mit Renditen aus festverzinslichen Wertpapieren. Dies gibt dem Fondsmanager einen größeren Anlagespielraum. Bei stagnierenden oder fallenden Aktienkursen kann er zu verzinslichen Wertpapieren wechseln; bei positiver Tendenz am Aktienmarkt kann er den Schwerpunkt wieder auf die Aktienanlage verlagern.

Der Anleger erhält eine sehr spezifische, auf seine individuellen Wünsche zugeschnittene professionelle Vermögensverwaltung zu vergleichsweise günstigen Kosten. Wie auch bei Dachfonds sind zwischenzeitliche Aufstockungen oder Reduzierungen der Aktienquote innerhalb des Mischfonds auch seit 2009 nicht steuerschädlich – im Gegensatz zu einem privaten Depot aus Aktien und Anleihen.

Damit wird die Vermögensverwaltung für Privatkunden reizlos: Bei Umschichtungen im Depot fällt Abgeltungssteuer an. Zudem ist die Verwaltungsgebühr nicht mehr steuerlich absetzbar.

Auszahlung von Kapital-Versicherungen – wie wird sie besteuert?

Wie schon in der Vergangenheit ist die Besteuerung anders als bei Geldanlagen, wobei Kapital-Lebensversicherung und Rentenversicherung sich untereinander auch noch unterscheiden. Und dann gelten je nach Jahr des Vertragsabschlusses noch unterschiedliche Regeln: Bei Abschluss vor 2005 ist die Auszahlung als Kapitalabfindung zumeist komplett steuerfrei (vgl. Seite 110 f.). Wer sich nicht an die Regeln hält und zum Beispiel schon vor Ablauf von 12 Jahren kündigt, muss allerdings 25 Prozent Kapitalertragsteuer (2008) bzw. Abgeltungssteuer (ab 2009) zahlen.

Kapital-Lebensversicherung

Für Kapital-Lebensversicherungen, die seit 1.1.2005 abgeschlossen wurden bzw. noch werden, gilt: Im Prinzip werden die Auszahlungen der Kapitalabfindung zu 100 Prozent besteuert. Es gibt aber zwei Ausnahmen. Die Kapitalauszahlung wird nur zur Hälfte besteuert, wenn

- im Vertrag mindestens 12 Jahre Laufzeit vereinbart sind und
- die Auszahlung erst nach Vollendung des 60. Lebensjahres erfolgt.

In diesem Fall wird die Auszahlung nur mit 50 Prozent statt mit 100 Prozent besteuert.

TIPP

Steuerliche Vorteile

Echte Altersvorsorge mit Lebensversicherungen wird also noch teilweise steuerlich privilegiert. Übrigens: Als Ertrag und damit Besteuerungsbetrag gilt der Unterschiedsbetrag zwischen der Versicherungsleistung (Ablaufleistung) und der Summe der eingezahlten Beiträge.

Private Rentenversicherung

Im Gegensatz zur Kapital-Lebensversicherung, die man auch verrenten lassen könnte, wird die private Rentenversicherung jeden Monat mit dem so genannten Ertragsanteil besteuert. Das ist praktisch die Verzinsung des eingezahlten Beitrages.

Seit 2005 gelten sogar geringere Steuersätze als zuvor – auch für Privatrenten, die schon vor 2005 abgeschlossen worden sind. Lebenslänglich bleibt es bei dem Satz, der bei der erstmaligen Rentenzahlung maßgeblich ist (siehe Tabelle).

So viel Privatrente wird besteuert (Ertragsanteil in Prozent)

Alter bei Rentenbeginn	Besteuerung ab 2005	Besteuerung vor 2005
60	22	32
61	22	31
62	21	30
63	20	29
64	19	28
65	18	27
66	18	26
67	17	25
68	16	23

Basis-, Riester- und Betriebsrenten sind bei der Auszahlung tendenziell voll zu versteuern.

Gelten für Rentner und Vorruheständler besondere Steuern?

Nein. Sie unterliegen den gleichen Regeln wie Berufstätige und jeder Kapitalanleger. Die gesetzliche Altersrente unterliegt seit 2005 zu mindestens 50 Prozent der Besteuerung, Tendenz stark steigend. Dies gilt auch für alle, die bereits Altersrente beziehen.

So viel Altersrente wird besteuert

Jahr des Rentenbeginns	Besteuerungsanteil	Jahr des Rentenbeginns	Besteuerungsanteil
bis 2005	50	2011	62
2006	52	2012	64
2007	54	2013	66
2008	56	2014	68
2009	58	2015	70
2010	60	2016	72

Betroffen sind auch Leistungsempfänger landwirtschaftlicher Alterskassen, berufsständischer Versorgungseinrichtungen sowie Rentenempfänger wegen verminderter Erwerbsfähigkeit.

Höhere Steuer ab 2020

Der steuerpflichtige Teil der Rente wird bis 2020 für jeden neu hinzukommenden Rentnerjahrgang um jährlich 2 Prozent angehoben. Wer 2020 in Rente geht, muss also schon 80 Prozent seiner Rente versteuern. Von 2021 bis 2040 steigt der Besteuerungsanteil dann für Neurentner jährlich nur noch in 1-Prozent-Schritten, sodass für Neurentner ab 2040 die Rente zu 100 Prozent besteuert wird (vgl. Seite 36 f.).

Insgesamt können bei Rentenbeginn 2008 jedoch bis zu 1.575 Euro Monatsrente steuerfrei bezogen werden. Grund: Neben dem Grundfreibetrag erhöhen weitere Freibeträge den steuerfreien Anteil (vgl. Seite 36 f.).

Jeder Euro oberhalb der steuerfreien Altersrente wird bei Renten-Start 2008 lebenslang mit 58 Prozent Besteuerungsanteil versehen. Wer etwa auf 1.800 Euro Bruttorente kommt, muss 1.008 Euro (= 12.096 Euro Jahresrente) der Besteuerung unterwerfen. Sind keine weiteren Einnahmen vorhanden, werden für Singles dann rund 810 Euro Einkommensteuer für das ganze Jahr 2008 fällig.

So können Rentner Steuern sparen

- *Haushaltsnahe Dienstleistungen:* Wer sie von einer Firma erledigen lässt, kann bis zu 20 Prozent der Kosten, maximal 600 Euro pro Jahr, von der Steuerschuld abziehen.
- *Vermietung:* Hier können alle nicht auf die Mieter umlegbaren Kosten steuerlich geltend gemacht werden. Auch Baumaßnahmen bis 4.000 Euro (netto).
- *Behinderung:* Hier können die vollen Kosten geltend gemacht werden. Alternativ gilt ein Pauschbetrag (ab 50 Prozent Behinderung): ab 570 Euro.
- *Haushaltshilfe:* Wer über 60 ist, kann Aufwendungen für eine Haushaltshilfe absetzen. Höhe: Bis 624 Euro pro Jahr. Bei 50 Prozent oder mehr Behinderung sind bis zu 924 Euro pro Jahr erlaubt.

Müssen Beamte im Ruhestand weniger Steuern zahlen?

Nein. Viele Jahre mussten sie in der Masse sogar deutlich mehr Einkommensteuer zahlen als gesetzliche Altersrentner, deren Rente weitgehend steuerfrei blieb. Das ärgerte einen Ex-Beamten so sehr, dass er vor Gericht zog. Götz-Joachim Kuhlmann, ehemaliger Leitender Oberstaatsanwalt von Paderborn, ahnte damals nicht, dass er mit seinem Sieg vor dem Finanzgericht Münster 1997 ein Eigentor schießen würde: Nicht der als zu gering kritisierte Versorgungsfreibetrag für Pensionäre wurde erhöht, sondern die Steuer für gesetzliche Rentner. So bekam er zwar schwarz auf weiß, dass die bis dato unterschiedliche steuerliche Behandlung von Renten und Pensionen gegen das Gleichheitsgebot des Grundgesetzes verstößt, aber keinen Cent mehr Pension.

Das Bundesverfassungsgericht in Karlsruhe bestätigte 2002 das Finanzgericht Münster zwar (Aktenzeichen 2 BvL 17/99), überließ es aber dem Gesetzgeber, wie er ab 2005 eine Gleichbehandlung herstellt. Heraus kam das so genannte Alterseinkünftegesetz, das zu erhöhter Steuerpflicht von Altersrenten geführt hat, die ab 2040 sogar voll besteuert werden – wie auch Pensionen.

Altersbezüge der Beamten

Zu den Altersbezügen, die Beamte erhalten, zählen besagte Pensionen vom Dienstherrn. Die gehören zu den voll zu versteuernden Einkünften aus nichtselbständiger Arbeit. Sie werden lediglich noch durch Gewährung eines besonderen Freibetrags, des besagten Versorgungsfreibetrags, begünstigt. Der wird jedoch laut Alterseinkünftegesetz Stück für Stück abgeschmolzen und entfällt ab 2040 komplett (siehe Tabelle).

So schmilzt der Versorgungsfreibetrag bis 2015 ab

Jahr Pensionsbeginn	Prozentsatz[1] und Höchstbetrag (Versorgungsfreibetrag)	Zuschlag zum Versorgungsfreibetrag
bis 2005	40,0 %, max. 3.000 Euro	1.000 Euro
2006	38,4 %, max. 2.880 Euro	864 Euro
2007	36,8 %, max. 2.760 Euro	828 Euro
2008	35,2 %, max. 2.640 Euro	792 Euro
2009	33,6 %, max. 2.520 Euro	756 Euro
2010	32,0 %, max. 2.400 Euro	720 Euro
2011	30,4 %, max. 2.280 Euro	684 Euro
2012	28,8 %, max. 2.160 Euro	648 Euro
2013	27,2 %, max. 2.040 Euro	612 Euro
2014	25,6 %, max. 1.920 Euro	576 Euro
2015	24,0 %, max. 1.800 Euro	540 Euro

1 Bemessungsgrundlage für die Berechnung des Versorgungsfreibetrags ist bei Versorgungsbeginn ab 2005: das 12fache des Versorgungsbezugs für den ersten vollen Monat.

Für Versorgungsbeginn 2009 gilt: Es wird ein Versorgungsfreibetrag in Höhe von 33,6 Prozent der Versorgungsbezüge gewährt, höchstens jedoch 2.520 Euro pro Jahr. Hinzu kommt ein steuerfreier Zuschlag von 756 Euro.

Steuern auf Immobilien – auf was muss ich achten?

Wer im eigenen Haus oder einer Eigentumswohnung wohnt, zahlt darauf keine Einkommensteuer. Es wird jedoch beim Kauf Grunderwerbsteuer (meist 3,5 Prozent vom Kaufpreis) sowie jedes Quartal Grundsteuer (auf Basis des Hauswertes werden Messbeträge festgelegt und mit dem Hebesatz, den jede Gemeinde festlegen und jederzeit verändern kann, multipliziert) fällig. Vermieter müssen Einnahmen aus der Vermietung versteuern, können aber alle Kosten, die nicht auf Mieter umgelegt werden dürfen, als Werbungskosten geltend machen.

Verkauf

Falls Ruheständler ihr zu groß gewordenes Haus verkaufen wollen, so entsteht beim Verkauf meist ein Wertzuwachs gegenüber der früheren Anschaffung. Dieser Wertzuwachs ist steuerfrei, falls zwischen Bau bzw. Kauf und dem Verkauf mindestens zehn Jahre liegen (Spekulationsfrist). Innerhalb dieser Frist sind Gewinne zu versteuern – und zwar mit dem individuellen Einkommensteuersatz.

TIPP

Steuerberater einschalten

Da der Immobilienverkauf das zu versteuernde Einkommen des betreffenden Jahres deutlich in die Höhe schraubt, sollten Sie sich vor dem Verkauf bei einem spezialisierten Steuerberater informieren. Auf keinen Fall gilt für Eigenheim und vermietete Immobilien die 2009 eingeführte Abgeltungssteuer.

Für diese Anlagen gilt die Abgeltungssteuer nicht: Eigenheim, vermietete Immobilie, Riester-Verträge, Basisrente, Betriebsrente, geschlossene Fonds, private Rentenversicherung, Kapital-Lebensversicherung. Abgeltungssteuer wird aber fällig, wenn vor Ablauf von 12 Jahren gekündigt oder vor dem 60. Geburtstag ausgezahlt wird.

Schenken oder Vererben

Werden Immobilien verschenkt oder vererbt, wird in der Regel Erbschafts- bzw. Schenkungssteuer fällig. Das Bundesverfassungsgericht hatte die Ungleichbehandlung von Immobilien und Barvermögen beanstandet (Urteil vom 31.1.2007; Aktenzeichen 1 BvL 10/02). Seit 1. Januar 2009 gilt auch ein neues Bewertungsgesetz. Hintergrund: Um die Steuer zu ermitteln, ist bei Objekten, die nicht als Geldsumme vorliegen, die Umrechnung in einen Geldwert erforderlich. Die Bewertung richtet sich nach den Vorschriften eben dieses Bewertungsgesetzes. Das Gesetz nennt als Regelfall den Verkehrswert.

Spezielle Bewertungsverfahren führen bis Ende 2008 dazu, dass Häuser häufig nur mit 50 bis 60 Prozent ihres eigentlichen Wertes angesetzt wurden, während Bargeld, an der Börse notierte Aktien und Bankguthaben zu 100 Prozent in die Berechnung der Erbschaftssteuer eingehen. Nun wird auch für Häuser der volle Verkehrswert angesetzt. Das selbst bewohnte Eigenheim bleibt aber steuerfrei – bei Kindern nur bis 200 qm Wohnfläche und sofortiger Selbstnutzung für zehn Jahre.

Vermögen im Ausland – wie wird es besteuert?

Wer Vermögen im Ausland anhäuft, entgeht dem Finanzamt dennoch nicht. Abkommen zwischen Deutschland und anderen Ländern verhindern lediglich, dass die Einkünfte zweimal besteuert werden. Grundsätzlich ist jeder Deutsche mit seinem gesamten »Welteinkommen« steuerpflichtig, egal wo es erwirtschaftet wurde.

TIPP

Doppelbesteuerungsabkommen

Durch so genannte Doppelbesteuerungsabkommen verzichtet der deutsche Fiskus darauf, das im Ausland versteuerte Einkommen hier noch einmal zu belasten – auch wenn der Steuersatz dort weit niedriger sein sollte.

Abgeltungssteuer für Kapitalerträge

Kapitalerträge sind ebenfalls steuerpflichtig – ab 2009 in Höhe von rund 25 Prozent (Abgeltungssteuer). Solange der Fiskus jedoch nichts vom Konto im Ausland weiß, geht alles gut. Aber wehe, er erfährt davon. In manchen Staaten (insbesondere USA) informieren Banken die zuständigen Behörden über Zinseinkünfte – nicht nur die eigene Finanzbehörde, sondern auch die im Heimatland des Kontoinhabers.

Viele Deutsche besitzen im Ausland Immobilien. Praktisch jedes Land verlangt höhere Steuern als bei uns. Die Unterschiede beginnen schon beim Kauf. Beispiel Spanien: Neben der Grunderwerbsteuer (6 Prozent) droht auch eine Wertzuwachssteuer auf Grund und Boden (zwischen 15 und 40 Prozent), die umso höher ausfällt, je länger der Verkäufer das Grundstück besitzt. Um 10 Prozent Abschlagsteuer beim Kauf kommen Sie als Ausländer nicht herum. Informieren Sie sich rechtzeitig.

Besonderheiten beim Kauf (Auswahl)

Frankreich: Es reicht ein privatschriftlicher Vertrag ohne Notar. In mittleren Lagen kostet der Quadratmeter Wohnfläche 300 Euro. Bei »gebrauchten« Ferienimmobilien, die selbst genutzt und nicht vermietet werden, sind noch rund 26 Prozent Nebenkosten fällig.

Spanien: Es reicht ein mündlicher Vertrag. Für die Grundbucheintragung ist aber ein öffentlicher Vertrag nötig (mit Notar). In mittleren Lagen kostet der Quadratmeter Wohnfläche 350 Euro. Bei selbst genutzten »gebrauchten« Ferienimmobilien sind noch rund 15 Prozent Nebenkosten fällig. In Küstenzonen herrscht meist Bauverbot.

Italien: Es gilt schon der notariell beglaubigte Vorvertrag, der später durch den Kaufvertrag beim Notar ergänzt wird. Vorsicht: Bei Landkauf haben Nachbarn (nur Bauern) ein Vorkaufsrecht. In mittleren Lagen kostet der Quadratmeter Wohnfläche 280 Euro. Bei selbst genutzten »gebrauchten« Ferienimmobilien sind noch 13 Prozent Nebenkosten fällig.

TIPP

Rechtzeitig informieren

Für Auslandsimmobilien gilt zumeist ausländisches Recht. Am besten, Sie erkundigen sich vor dem Umzug nach den Konsequenzen, auch im Falle Ihres Todes im Ausland für Ihre Angehörigen.

Ich will vorzeitig Schenkung und Erbe regeln, was ist zu beachten?

Vorweggenommene Erbfolge

Es ist oft von Vorteil, das Erbe vorzuziehen und schon zu Lebzeiten Vermögen zu übertragen. Wichtigster Grund: Bei jeder Erbschaft, aber auch jeder Schenkung sitzt ein stiller Teilhaber mit am Tisch, das Finanzamt. Wer schon zu Lebzeiten Vermögen weiterreicht, der erspart seinen Erben später Erbschaftssteuer. Zwar macht das Finanzamt keinen Unterschied, ob etwas vererbt oder geschenkt wird, – es gelten gleiche Steuersätze, gleiche Freibeträge. Aber: Diese Freibeträge räumt der Fiskus beim Schenken alle zehn Jahre aufs Neue ein. Dem Ehepartner können Sie so alle zehn Jahre Werte bis zu 500.000 Euro (Stand: 2009) steuerfrei schenken (siehe Tabelle).

So viel Schenkung ist alle 10 Jahre steuerfrei

Personen	Freibetrag in Euro
Ehepartner	500.000
Kinder, Stiefkinder, Kinder verstorbener Kinder	400.000
Enkel	200.000
Urenkel, Eltern, Großeltern	100.000
Geschwister, Neffen, Nichten	20.000
Sonstige Erben, auch nichtverheiratete Lebenspartner	20.000

Diese Freibeträge sollen im Rahmen der Schenkungs- und Erbschaftssteuerreform angehoben werben (vgl. dazu Seite 65).

Gesetzliche Erbfolge oder letztwillige Verfügung

Wer mit der gesetzlichen Erbfolge keine Probleme hat, bedenkt für den Fall seines Todes automatisch Ehepartner und Kinder mit seinem Vermögen. Wollen Sie jedoch anderweitiges bestimmen, muss eine letztwillige Verfügung (Testament) oder ein Erbvertrag her. Das Testament muss eigenhändig (handschriftlich vom ersten bis zum letzten Wort) geschrieben sein, mit Vor- und Zuname unterschrieben und am besten auch mit Ort und Datum versehen werden.

Als Alternative kommt das Testament vor einem Notar in Betracht (gebührenpflichtig). Das eigenhändige Testament kann überall aufbewahrt oder beim Amtsgericht gebührenpflichtig hinterlegt werden (dann bekommen Sie einen Hinterlegungsschein), das öffentliche Testament wird immer beim Amtsgericht (das für den Sitz des Notars zuständig ist) hinterlegt.

TIPP

Gemeinschaftliches Testament durch Eheleute
Ehepaare können ein gemeinschaftliches Testament aufsetzen; dann müssen aber auch beide unterschreiben. Der letzte Wille kann jederzeit geändert, widerrufen, ergänzt oder vernichtet werden.

Im Testament können Sie auch bestimmte Auflagen machen, unter denen das Erbe anzutreten ist. So kann ein Kind verpflichtet werden, später das Grab zu pflegen. Sie können zudem bestimmte Vermögensvorteile wie Geld, Wertsachen, einzelne Möbelstücke, Gemälde oder anderes gezielt einer Person »vermachen«, die nicht zu den Erben gehört. Dieses Vermächtnis »beschwert« das Erbe. Das heißt: Der Begünstigte hat gegenüber den Erben dann nach Ihrem Tod einen gerichtlich durchsetzbaren Anspruch auf Erfüllung des Vermächtnisses.

Kapitel 5
Wenn sich die Planung ändert

Das Leben verläuft nicht immer in geraden Bahnen und häufig gar nicht nach Plan. Die Idee zum vorzeitigen Berufsausstieg kann unter ungünstigen Umständen eben nicht konsequent oder nur mit Abstrichen verwirklicht werden. Was passiert bei Scheidung, Krankheit, Unfall, Pflegefall oder Tod des Partners?

Hier erfahren Sie alle entscheidenden Details, auch zur Prophylaxe, denn manche dieser Risiken können durch eine sinnvolle Versicherung zumindest finanziell abgefedert werden.

Ehescheidung – wie kann sie meine vorzeitige Rente beeinflussen?

Die finanzielle Versorgung im Alter kann durch eine Scheidung massiv gefährdet werden – erst recht den vorgezogenen Ruhestand. Knapp 50 Prozent der Ehen halten nicht bis ins Rentenalter. Dies ist mit Einbußen auf beiden Seiten verbunden – falls kein Ehevertrag vorliegt –, häufig auch mit dem Notverkauf des Eigenheims, das meist als fester Bestandteil der Altersvorsorge angeschafft worden war und mietfreies Wohnen im Alter sichern sollte. Zudem schmälern Unterhaltsansprüche des einen Ex-Partners die weitere Vorsorge auf dem Weg in den Ruhestand.

Versorgungsausgleich

Bei den Ansprüchen auf gesetzliche Altersrente kommt es in aller Regel zu einer genauen Angleichung, da alle Rentenanwartschaften aus der Ehezeit je zur Hälfte an beide Ex-Gatten aufgeteilt werden (Versorgungsausgleich).

Folgende Ansprüche werden beim Versorgungsausgleich unter den Eheleuten geteilt:

- Renten aus der gesetzlichen Rentenversicherung;
- Pensionen und Anwartschaften von Beamten;
- Ruhegehälter oder Versorgungsanwartschaften aus beamtenähnlichen Verhältnissen;

- Betriebliche Altersversorgung;
- Ansprüche aus Zusatzversorgungskassen des öffentlichen Dienstes;
- Renten von berufsständischen Versorgungseinrichtungen;
- Altershilfe für Landwirte;
- Renten aus privaten Versicherungen wie
  - Versicherungen wegen Berufs-, Erwerbs-, Dienstunfähigkeit oder Invalidität,
  - Altersrenten-, Leibrenten- oder Pensionsversicherungen,
  - Lebensversicherungen auf Rentenbasis (keine Kapital-Lebensversicherung)

TIPP

Schuldrechtlicher Versorgungsausgleich

Wenn die Anwartschaften allerdings kaum der Rede wert sind, kann der wirtschaftlich Schwächere einen unterhaltsähnlichen Anspruch auf eine Geldrente gegenüber dem besser verdienenden Ex-Ehepartner begründen (schuldrechtlicher Versorgungsausgleich).

Ausgleichszahlung für die Rentenversicherung

Wer nach der Scheidung nicht selbst berufstätig ist, kann keine weiteren eigenen Rentenansprüche aufbauen. Am besten erwirken Sie schon im Scheidungsverfahren einen richterlichen Beschluss, der den vermögenden Partner zu einer Ausgleichszahlung für die Rentenversicherung verpflichtet. In der Praxis läuft das meist auf eine monatliche Ratenzahlung hinaus (am günstigsten gleich auf Ihr Rentenkonto überweisen lassen), die regelmäßig beim Rechtspfleger des Familiengerichtes angepasst werden sollte.

Wie bekomme ich eine finanziell glimpfliche Trennung hin?

Scheidungen sind teuer. Je nach Einkommen liegen die finanziellen Belastungen insgesamt zwischen 700 und rund 20.000 Euro, nicht gerechnet die regelmäßigen Zahlungen nach der Scheidung an Kinder und womöglich auch an den Ex-Partner.

TIPP

Einvernehmliche Regelung anstreben

Mit gebremsten Emotionen kann man bei der Trennung viel Geld sparen, selbst wenn in guten Zeiten kein Ehevertrag abgeschlossen worden war. Der Weg zum Notar statt zum Anwalt ist für alle Folgen der Trennung der preiswerteste Gang. Auch in schlechten Zeiten zahlt sich damit Einigkeit aus.

BEISPIEL

Der so genannte Zugewinn aus der Zeit zwischen Hochzeit und der Zustellung des Scheidungsantrags beträgt 50.000 Euro. Eine private Einigung wäre zwar völlig kostenlos, ist aber rechtlich nicht möglich. Bei verhärteten Fronten wird allein dieser Zugewinnausgleich rund 5.000 Euro teurer als mit Notar.

Kosten des Scheidungsverfahrens

Ist die Trennung unumgänglich und waltet Vernunft, gibt es weniger finanzielle Scherben. Für die Scheidung selbst wird das Nettoeinkommen summiert, das beide Eheleute in den letzten drei Monaten vor Abgabe des Scheidungsantrags erzielt haben. Der Mindeststreitwert liegt bei 2.500

Euro. Damit belaufen sich die Kosten für das eigentliche Scheidungsverfahren mindestens auf rund 700 Euro.

Streit über die Scheidungsfolgen

Billiger wird es nicht, aber ins Geld geht vor allem Streit über die Folgen bei der Scheidung. Dort lässt sich massiv sparen, wenn man sich ohne Gericht einigt und dies einen Notar besiegeln lässt.

So berechnet sich der Streitwert häufiger Scheidungsfolgen

Scheidungsfolge	Berechnung des Streitwertes
Kindesunterhalt	ein Jahresbetrag
Ehegattenunterhalt	ein Jahresbetrag
Versorgungsausgleich	ein Jahresbetrag der Ansprüche, meist 1.000 Euro
Eheliche Wohnung	eine Jahreskaltmiete
Zugewinnausgleich	etwa die Höhe der geforderten Summe
Hausrat	nach Zeitwert
Immobilien	Verkehrswert

Noch preiswerter kann das Getrenntleben ohne Scheidung abgehen, allerdings setzt das gegenseitiges Vertrauen und Verständnis über eine sehr lange Zeit voraus. Dann bliebe die Ehe mit all ihren rechtlichen und finanziellen Konsequenzen nämlich bestehen.

TIPP

Nur ein Anwalt für beide Ehegatten

Sparen lässt sich auch bei den Anwaltskosten für die Scheidung, wenn sich beide einig sind und nur einen Anwalt brauchen, weil ein Ehegatte im Scheidungsprozess keine Anträge stellt.

Erwerbsunfähigkeit mit 55 – welche finanziellen Folgen sind damit verbunden?

In jedem Fall hat es schlechte finanzielle Folgen, denn das Gehalt fällt auf Dauer weg. Für Altersrente ist es noch zu früh, denn lediglich Schwerbehinderte (mindestens 50 Prozent Behinderung) können bereits mit 63 ohne Abschlag in Rente gehen (Jahrgang 1952 und älter) oder ab 60 (mit 10,8 Prozent Abschlag).

Zum Glück zahlt die gesetzliche Rentenkasse nicht nur Altersrente, sondern auch »Invalidenrente« – bis zum Beginn der Altersrente. Früher gab es eine höhere Berufs- und Erwerbsunfähigkeitsrente.

Leistungen und Grenzen gesetzlicher Erwerbsminderungsrente

Seit 2001 gibt es keine Trennung mehr nach Berufsunfähigkeits-(BU) und Erwerbsunfähigkeits-(EU)-Rente, sondern nur noch eine »Erwerbsminderungsrente« – für alle, die *ab dem 2.1.1961* geboren wurden.

Es zählt primär die ärztlich attestierte zeitliche Fähigkeit, noch arbeiten zu können:

- Keine Rente erhält, wer mehr als 6 Stunden aus medizinischer Sicht arbeiten kann.
- Wer zwischen 3 und 6 Stunden arbeitsfähig ist, erhält die Hälfte der bis dato aufgebauten Rentenansprüche (frühere

Berufsunfähigkeitsrente, die jedoch höher war: Gezahlt wurden zwei Drittel der aktuellen Rentenansprüche).

- Wer unter 3 Stunden arbeitsfähig ist, erhält die volle Rente (die volle Rente gibt es auch, wenn man noch zwischen 3 und 6 Stunden arbeitsfähig ist, der Arbeitsmarkt aber keine freie Stelle bietet, die den Fähigkeiten des Versicherten entspricht).

Wer *vor dem 2.1.1961 geboren ist*, genießt weiter Berufsschutz und kann auch weiterhin BU/EU-Rente bekommen. Voraussetzung: Er hat mindestens 60 Monate Pflichtbeitrag in die gesetzliche Rentenversicherung und in den letzten fünf Jahren vor dem Berufs-/Erwerbsunfähigkeits-Fall mindestens 36 Monate Pflichtbeitrag eingezahlt.

Folge ab Jahrgang 1961: Wer noch sechs oder mehr Stunden täglich arbeiten kann, geht leer aus. Erst bei unter 3 Stunden Arbeitsfähigkeit gibt es die volle Rente. Doch selbst diese volle Rente bringt im Schnitt nur 817 Euro pro Monat (Frauen: 658 Euro). Das reicht häufig nicht mal für Miete. Die vorgezogene Altersrente mit 60 rückt damit in unerreichbare Ferne.

Fazit bei Erwerbsunfähigkeit ab 55: Unterm Strich fehlen nicht nur 10 Beitragsjahre für die Altersrente und 10 Jahre Zeit für private Vermögensbildung, sondern es drohen auch Abzüge bei vorzeitiger Altersrente, die ohnehin deutlich niedriger ausfällt als ursprünglich erwartet.

TIPP

Jährliche Renteninformation einsehen

Die aktuelle Höhe Ihrer Rente im Falle voller Erwerbsminderung steht in der jährlichen Renteninformation!

Private Berufsunfähigkeits-Versicherung – wann springt sie ein?

Bei Invalidität zahlt die gesetzliche Rentenkasse im Schnitt bei völliger Erwerbsunfähigkeit nur rund 740 Euro. Also ist eine zusätzliche private Berufsunfähigkeits-Versicherung (BU-Police) unverzichtbar. Wer länger als sechs Monate und voraussichtlich dauernd arbeitsunfähig ist, erhält spätestens vom 7. Monat an die vereinbarte private Rente – bis er wieder arbeiten kann oder der Vertrag ausläuft. Das Pflegefall-Risiko ist mitversichert. Ab dem Zeitpunkt, an dem der Versicherer die Berufsunfähigkeit anerkannt hat, braucht der Kunde keinen Beitrag mehr zu zahlen. Die volle Leistung wird bei guten Anbietern bereits ab 50 Prozent Berufsunfähigkeit gezahlt.

TIPP

Auf abstrakte Verweisung verzichten

Bei Vertragsschluss sollten Sie darauf achten, dass der Versicherer auf die so genannte abstrakte Verweisung verzichtet. Das bedeutet: Ein Bäcker, der aufgrund einer Mehlstauballergie seinen Beruf aufgeben muss, kann vom Versicherer nicht auf eine Stelle als Kassierer verwiesen werden.

Diese Leistung sollte der Versicherer bieten (Kleingedrucktes):

- Versicherer zahlt rückwirkend vom Tag der BU-Meldung an.

- Versicherer verzichtet auf (abstrakte) Verweisung in anderen Beruf.
- BU-Fall ist anerkannt, wenn Arzt sie für »voraussichtlich 6 Monate« prognostiziert.
- Versicherer zahlt rückwirkend bis zu 3 Jahre, falls Kunde erst dann BU-Fall meldet.
- Versicherer stundet Beiträge, solange Prüfung auf BU-Rente läuft.
- Versicherer verzichtet auf die Arztanordnungsklausel (wer sich nicht nach ärztlichen Weisungen richtet, kann Rentenanspruch dennoch nicht verlieren).
- Versicherer bietet die Chance, die versicherte Rente später ohne erneute Gesundheitsprüfung zu erhöhen.

Eine BU-Monatsrente von 1.000 Euro ist mindestens nötig, um auf Dauer finanziell den Alltag zu überstehen. Bedarf ist die Differenz aus wegfallendem Nettoeinkommen und der gesetzlichen Erwerbsminderungsrente.

TIPP

Versicherungsmakler einschalten

Die Tarife können sich jedoch bei ein und demselben Anbieter erheblich in Ihrer Leistung und damit auch im Preis unterscheiden. Meist günstig im Preis-Leistungsverhältnis: Allianz und Alte Leipziger. Fragen Sie einen versierten Versicherungsmakler.

Solche Ratschläge kommen bei Berufsunfähigkeit mit 50 oder 55 zu spät, denn dann muss man längst im Besitz einer solchen Versicherung sein. Gezahlt wird die versicherte Rente entsprechend dem Grad der Berufsunfähigkeit.

Was passiert finanziell, wenn ich sehr krank werde und in der Firma fehlen muss?

Dann greift das soziale Netz. Zunächst gibt es Lohnfortzahlung: Wird ein Arbeitnehmer krank, erhält er vorübergehend weiter die volle Vergütung von seinem Betrieb – für mindestens 6 Wochen, je nach Tarifvertrag auch länger.

Krankengeld ab 7. Krankheitswoche

Ab der 7. Krankheitswoche wechselt der Geldgeber: Nun springt bei gesetzlich Krankenversicherten die Kasse ein und zahlt Krankengeld. Die Zahlung fällt jedoch geringer als der Lohn aus: 70 Prozent des Brutto-Gehalts, höchstens aber 90 Prozent des Nettogehalts. So berechnet sich Krankengeld:

Monatliches Bruttoeinkommen[1]	3.675,00 Euro
: 30 Tage	122,50 Euro/Tag
x 80 %	98,00 Euro/Tag
– SV-Beitrag AN ohne GKV (12,33 Prozent)	85,92 Euro/Tag
Krankengeld pro Monat 2009[2]	2.577,60 Euro
Höchstgrenze (70 Proezent von 3.675 Euro)	2.572,50 Euro
Tatsächliches Krankengeld pro Monat	2.572,50 Euro

1 Beispiel (für Maximum = Beitragsbemessungsgrenze 2009)

2 bei AN-Anteil von 9,95 Prozent für Rente, 1,4 Prozent für Arbeitslosen- und 0,98 Prozent für Pflegekasse 2009

Das sind 2009 pro Kalendertag maximal netto also knapp 85 Euro – aber unter Vorbehalt: Krankengeld gehört zu den Lohnersatzleistungen. Danach ist es steuerfrei, unterliegt jedoch dem Progressionsvorbehalt. Das heißt: Krankengeld wird bei der Ermittlung des Einkommensteuersatzes mit einbezogen. Folge: Liegen steuerpflichtige Einkünfte vor, wird darauf ein höherer Steuersatz angewendet.

Mehrfacherkrankung

Bei Wiederholung derselben Erkrankung fließt das Geld nur einmal innerhalb von 3 Jahren. Im nächsten Drei-Jahres-Zeitraum besteht ein neuer Anspruch wegen derselben Krankheit nur, wenn man noch immer mit Anspruch auf Krankengeld versichert ist und in der Zwischenzeit mindestens 6 Monate nicht wegen dieser Krankheit arbeitsunfähig und zudem berufstätig war.

Krankenversicherungsschutz läuft weiter

Bei Bezug von Krankengeld läuft der Krankenversicherungsschutz weiter – im Gegensatz zur privaten Krankenversicherung, die Krankengeld nur gegen zusätzlichen Beitrag individuell versichert (Krankentagegeld).

TIPP

Erwerbsminderungsrente beantragen
Das Geld von der Krankenkasse fließt maximal bis zur 78 Krankheitswoche, also 1,5 Jahre. Wer dann immer noch krank ist, sollte Erwerbsminderungsrente beantragen. Danach springt die Rentenkasse ein (vgl. Seite 150 f.).

Der Anspruch auf Krankengeld endet, wenn Sie Rente wegen voller Erwerbsminderung, volle Altersrente, Vorruhestandsgeld oder Ruhegeld erhalten. Krankengeld wird um die Renten-Höhe gekürzt, wenn Rente wegen teilweiser Erwerbsminderung oder Teilrente wegen Alters gezahlt wird.

Kann ich aus gesundheitlichen Gründen vorzeitig in Altersrente geschickt werden?

Kaum noch. Zunächst kommt bei lang andauernder Krankheit oder Behinderung die Erwerbsminderungsrente der Rentenkasse in Betracht – unabhängig vom Alter (vgl. Seite 154 f.). Für Jahrgänge 1961 und älter gibt es sogar die höhere Berufsunfähigkeits- bzw. Erwerbsunfähigkeitsrente (vgl. Seite 152 f.).

Schwerbehinderte

Altersrente bekommt man aus gesundheitlichen Gründen meist erst ab der Regelaltersgrenze. Selbst Schwerbehinderte bleiben meist bei der Erwerbsminderungsrente, ehe es zum »normalen« Ruhestand den Wechsel zur Altersrente gibt.

Vorzeitige Rente für Schwerbehinderte:

- Voraussetzung: mindestens 50 Prozent Behinderung.
- Erwerbsminderungsrente: ab 63 ohne Abschlag (Jahrgang 1952 und älter) oder ab 60 (mit 10,8 Prozent Abschlag).
- Altersrente: ab 65 bzw. 67 mit den zuvor schon bestehenden Abschlägen.
- Ausnahme: kein Abschlag bei Vertrauensschutz.

Vorzeitige Altersrente für Schwerbehinderte
Vorzeitige Altersrente für Schwerbehinderte erhält, wer bei Beginn der Rente schwerbehindert oder – bei Geburtsjahrgängen 1950 und älter – berufs- oder erwerbsunfähig nach dem bis Ende 2000 geltenden Recht war. Voraussetzung: Sie haben es auf mindestens 35 Jahre Versicherungszeit (Wartezeit) gebracht. Allerdings kommt es auf das Geburtsdatum an: Je älter, desto bessere Regelungen sind drin:

Wer vor 1952 geboren wurde, hat Glück im gesundheitlichen Unglück: Er erhält ab 63 Altersrente für Schwerbehinderte ohne Abschläge. Vorzeitig ab 60 können Sie mit einem Abschlag von 10,8 Prozent in Rente gehen.

Vertrauensschutz

Sie können ohne Abschlag ab 60 in Rente gehen, wenn Sie bis zum 16.11.1950 geboren sind und am 16.11.2000 schwerbehindert oder berufs- oder erwerbsunfähig nach dem bis 2000 geltenden Recht waren.

Für die Jahrgänge 1952 bis 1963 steigt die Altersgrenze für Altersrente für Schwerbehinderte ohne Abschlag stufenweise auf 65. Vorzeitige Rente ist zwar erlaubt, wird aber mit Abschlag bestraft (vgl. auch Seite 16 f.).

Wer vor 1955 geboren ist, vor 2007 mit seinem Arbeitgeber Altersteilzeit vereinbart hatte und Anfang 2007 schwerbehindert war, genießt Vertrauensschutz und kann weiterhin mit 63 ohne Abschlag Altersrente für Schwerbehinderte erhalten. Unter diesen Umständen ist sogar schon Altersrente ab 60 drin, allerdings nur mit lebenslänglich 10,8 Prozent Abschlag.

Ein Jahr arbeitsunfähig – welche private Versicherung hilft?

Im Prinzip die Krankentagegeld- oder die Krankenhaustagegeld-Versicherung, die auch Kassenpatienten abschließen können.

- *Krankentagegeld:* Kommt für Verdienstausfall bei Krankheit auf (bei Angestellten ab dem 43. Tag). Erstattet wird maximal die Differenz zwischen Netto-Einkommen und Krankenkassen-Krankengeld. Erwägenswert für Unternehmer und gut verdienende Angestellte.
- *Krankenhaustagegeld:* Überbrückt finanziell die Zeit im Krankenhaus. Erstattet wird jede vertraglich vereinbarte Summe. Nützlich für Unternehmer und Alleinerziehende.

Krankentagegeld

Krankentagegeld wird bei Arbeitnehmern erst gezahlt, wenn 6 Wochen Lohnfortzahlung vorüber sind. Auch darf das privat versicherte Krankentagegeld maximal die Lücke zwischen gesetzlichem Krankengeld und Nettoentgelt auffüllen. Man kann sich also durch Versicherung nicht reicher machen als ohne Police.

TIPP

Für wen Krankentagegeld lohnt
Krankentagegeld lohnt vor allem für Angestellte, die brutto mehr als 3.600 Euro verdienen (Stand: 2008). Hört nach 6 Wochen Krankheit die Lohnfortzahlung auf, steht ihnen zwar Krankengeld von der Kasse zu, doch das

wird nur bis zur Beitragsbemessungsgrenze gezahlt (vgl. Seite 154 f.).

So groß ist der Verdienstausfall für Besserverdiener (Beispiel):

Bruttogehalt	4.250 Euro
Nettogehalt	2.550 Euro
Krankengeld (max. 90 % vom Netto)	2.295 Euro
– SV-Beitrag ohne KV (2009: 12,33 % von 2.295)	–283 Euro
tatsächliches Krankengeld	2.012 Euro
Lücke zwischen Nettoentgelt und Krankengeld	538 Euro

Wenn 538 Euro pro Monat fehlen, so entspricht dies ungefähr 18 Euro täglich. Für ein privates Krankentagegeld von 18 Euro muss ein Mann (43) bei normaler Gesundheit zwischen 7 und 15 Euro Monatsbeitrag zahlen (Stand: 2008). Unternehmer sollten sich gegen Verdienstausfall absichern, denn sie bekommen keine Entgeltfortzahlung und zumeist auch kein Krankengeld. Privates Krankentagegeld ist für Selbständige ab dem 4. Krankheitstag möglich, aber teuer. Soll das Geld erst ab dem 22. Tag fließen, wird der Beitrag erträglicher.

Krankenhaus-Tagegeld

Noch wichtiger für Unternehmer ist Krankenhaus-Tagegeld. Dann zahlt die Versicherung nur bei ernsten Erkrankungen mit Klinikaufenthalt. Dadurch wird der Vertrag billiger als eine Krankentagegeld-Versicherung.

TIPP

BU-Police

Die private Berufsunfähigkeits-Versicherung (BU-Police) zahlt bei Invalidität nach Unfall und Krankheit.

Tod des Ehegatten – wie viel Rente bekomme ich noch?

Die nächsten Angehörigen stehen nicht mit leeren Händen da, wenn Mitglieder der gesetzlichen Rentenversicherung sterben. Sie erhalten von der Rentenversicherung auf Antrag Hinterbliebenenrente (Kinder maximal bis 25).

Vorschuss

War der Verstorbene bereits Rentner, beantragen Sie am besten einen Vorschuss auf das Sterbevierteljahr (innerhalb von 30 Tagen nach dem Tod). Dazu brauchen Sie nur zum nächsten Postamt zu gehen und das Formular »Meldung vom Tod des Ehegatten – Rente im Sterbevierteljahr« ausfüllen.

TIPP

Voraussetzungen für den Vorschuss

Die monatliche Zahlung von drei vollen Renten des Verstorbenen (»Sterbevierteljahr«) erhalten alle Witwen, wenn der Verstorbene schon eine eigene gesetzliche Rente bekam. Oder vor dem Rentenalter mindestens fünf Jahre gesetzlich rentenversichert war.

Höhe der Witwenrente

Nach den drei Monaten gilt: Maßstab für die Höhe der Witwenrente sind die Ansprüche, die der verstorbene Ehepartner zuletzt auf eigene Rente hatte. Entweder werden davon 60 Prozent gezahlt (»große« Witwenrente) oder nur 25 Prozent (»kleine« Witwenrente).

Große Witwenrente

- Witwe/Witwer ist mindestens 45 Jahre alt oder
- selbst berufs-/erwerbsunfähig oder
- hat mindestens ein Kind unter 18 zu erziehen (bei behindertem Kind auch darüber hinaus).

Kleine Witwenrente

- Alle anderen Witwen/Witwer.

Inzwischen wurde die große Witwenrente gekürzt, und zwar für seit 2002 neu geschlossene Ehen sowie für Ehen, in denen beide Partner jünger als 40 Jahre sind. Statt 60 Prozent der Rentenansprüche des Verstorbenen gibt es noch 55 Prozent. Die kleine Witwenrente bleibt bei 25 Prozent, wird aber für manche befristet: Ist die Witwe jünger als 45, nicht berufstätig (und nicht erwerbsgemindert) und ohne Kind unter 18, wird die Witwenrente auf zwei Jahre begrenzt.

War der Verstorbene selbst noch kein Altersrentner, so muss die Witwe Abschläge hinnehmen (ab 2012 jeweils zwei Jahre später):

- bei Tod vor 60: 10,8 Prozent der Witwenrente,
- bei Tod zwischen 60 und 63: 0,3 Prozent pro Monat vor 63. Geburtstag,
- bei Tod ab 63: keine Abschläge.

Hatte der Verstorbene eine Lebensversicherung abgeschlossen, so wird die jetzt ausgezahlt. Der Versicherer muss im Todesfall möglichst innerhalb von 48 Stunden durch die Angehörigen informiert werden.

Tod des eingetragenen Lebenspartners – welche Rentenansprüche habe ich?

Seit dem 1.1.2005 können auch gleichgeschlechtliche Partner, die eine eingetragene Lebenspartnerschaft nachweisen, gesetzliche Hinterbliebenenrente erhalten.

Eingetragene Lebenspartnerschaft

Hier liegt eine eingetragene Lebenspartnerschaft vor:

- Beide erklären persönlich vor dem Standesbeamten oder Notar, die Lebenspartnerschaft auf Lebenszeit führen zu wollen;
- beide sind einander zur Fürsorge und Unterstützung sowie zur gemeinsamen Lebensgestaltung verpflichtet;
- beide sind einander zum gemeinsamen Lebensunterhalt verpflichtet;
- beide leben im gesetzlichen Güterstand der Zugewinngemeinschaft;
- beide sind berechtigt, Geschäfte für den angemessenen Lebensbedarf für den anderen zu schließen;
- beide erben neben Kindern zu einem Viertel, neben Eltern, Geschwistern, Geschwisterkindern oder neben Großeltern zur Hälfte (zusätzlich pauschal 25 Prozent als Zugewinnausgleich). Ohne Verwandte erbt der Lebenspartner alles.

Hinterbliebenenrente

Gesetzliche Rentenversicherung
Bei der gesetzlichen Rentenversicherung bestehen für eingetragene Lebenspartnerschaften dieselben Regeln und Ansprüche wie bei Ehepaaren (auch bei Lebensversicherungen). Gehen Sie nach dem Tod des Lebenspartners später erneut eine eingetragene Lebenspartnerschaft ein, entfällt - wie bei einer erneuter Heirat - der Anspruch auf Weiterzahlung der Hinterbliebenenrente.

Die Abfindung beträgt grundsätzlich das 24-fache (= zwei Jahresbeträge) der Hinterbliebenenrente, die für die letzten 12 Monate im Schnitt gezahlt wurde. Maßgeblich ist der Rentenbetrag nach Einkommensanrechnung, aber vor dem eventuellen Abzug Ihrer Beiträge zur Kranken- und Pflegeversicherung.

Wie bei Ehepaaren und Witwen gilt: Hinterbliebenenrente war bis Ende 2004 steuerfrei, falls kein eigenes Einkommen des Partners existierte, etwa bei Hausfrauen. Seit 2005 werden nicht nur Alters- und Invalidenrenten auf nachgelagerte Besteuerung umgestellt, sondern auch Hinterbliebenenrenten.

Nun müssen Hinterbliebenenrenten über die Hälfte als Einkommen versteuert werden (siehe Seite 134 f.). Wer beispielsweise 2008 erstmals Witwenrente erhält, muss bis zum Tod 56 Prozent seiner Rente als Einkommen versteuern, falls er über den Grundfreibetrag kommt (7.664 Euro pro Jahr).

Bei Betriebsrenten gilt: Die Zahlung endet mit dem Tod. Vererbung ist generell nicht möglich, es sei denn, es war zusätzliche Hinterbliebenenleistung vereinbart (vgl. Seite 114 f.).

Unter welchen Umständen gibt es höhere Witwenrente als im Normalfall?

Von der gesetzlichen Rentenversicherung gibt es keine erhöhte Witwenrente – unter gar keinen Umständen. Geboten wird allerdings eine Alternative: das so genannte Renten-Splitting. Diese Alternative können alle Ehepaare, die ab 2003 geheiratet haben, oder die zwar vorher geheiratet hatten, an ihrem Hochzeitstag jedoch noch jünger als 40 Jahre alt waren, in Anspruch nehmen. Ebenso eingetragene Lebenspartner.

Renten-Splitting

Statt Witwenrente beantragen Ehe- oder Lebenspartner zu Lebzeiten das Renten-Splitting, allerdings erst, wenn beide erstmals Anspruch auf volle Altersrente haben. Dann werden alle während der Ehe oder Lebenspartnerschaft aufgebauten Rentenansprüche jeweils zur Hälfte geteilt. Voraussetzung: Beide haben jeweils mindestens 25 Jahre mit rentenrechtlichen Zeiten zurückgelegt.

Folge des Splittings: Jeder hat seinen Anspruch, der für Witwen dann auch durch hohes eigenes Einkommen nicht geschmälert wird (vgl. Seite 166 f.). Es wird also kein eigenes Einkommen auf die Hinterbliebenenleistung der Rentenversicherung angerechnet. Zudem kann diese Hinterbliebenenleistung auch bei späterer erneuter Heirat nicht entfallen.

Klassische Witwenrente im Regelfall besser

Ob sich das Renten-Splitting gegenüber der Witwenrente lohnt, ist eine knifflige Rechnung und hängt von den Umständen des Einzelfalls ab, insbesondere vom Einkommen des Partners. Die meisten fahren mit klassischer Witwenrente besser (vgl. Beispiel).

So wird beim Renten-Splitting gerechnet (Beispiel)[1]

	Mann	Frau
Rentenanspruch aus Vorehe-Zeit	300	180
+ Rentenanspruch in Ehezeit	900	400
= Rentenanspruch ohne Splitting	1.200	580
Splitting aus Ehezeit: 900 – 400 = 500 :2	– 250	+ 250
= Rentenanspruch nach Splitting	950	830

1 alle Angaben in Euro; Gilt auch für Lebenspartner; Quelle: DRV-Bund

Das Renten-Splitting ist verbindlich und normalerweise unumkehrbar. Nur in ganz bestimmten Härtefällen kann es nachträglich geändert oder rückgängig gemacht werden, etwa wenn der insgesamt Begünstigte stirbt und der andere nun eine sehr niedrige Hinterbliebenenleistung bekommt. Daher vorher gut beraten lassen.

Informative Broschüre

Weitere Details beinhaltet die Broschüre »Rentensplitting – Partnerschaftlich teilen«, die immer wieder aktualisiert wird und die es kostenlos bei allen Rentenversicherungsträgern gibt. Sie kann auch per Internet bestellt oder direkt auf Ihren PC heruntergeladen werden: www.drv-bund.de.

Kann man ab 65 bzw. 67 jobben, ohne Abzüge an Hinterbliebenenrente zu riskieren?

Anrechnung des Arbeitseinkommens

Hinterbliebene mit eigenem Einkommen erhalten stets nur anteilig Witwenrente – egal in welchem Alter. Stirbt der Ehe- oder eingetragene Lebenspartner jedoch schon früh, sind Abschläge unvermeidlich (vgl. Seite 160 f.).

Abschläge bei Hinterbliebenenrente bei Tod vor Beginn der Altersrente:

- Bei Tod vor 60[1]: 10,8 Prozent der Witwenrente,
- bei Tod zwischen 60 und 63[1]: 0,3 Prozent pro Monat vor 63. Geburtstag[1],
- bei Tod ab 63[1]: keine Abschläge

Hatte der Partner schon Altersrente bekommen als er starb, so kann die Witwe noch in Grenzen berufstätig sein, ohne Abzüge bei der Hinterbliebenenrente zu riskieren. Ungefähr dürfen Sie 695 Euro verdienen (im Osten: 610 Euro), ohne dass die volle Witwenrente in Gefahr gerät. Der genaue Freibetrag für Witwen liegt genau beim 26,4fachen des aktuellen Rentenwertes (2008: Rentenwert West: 26,27 Euro, Rentenwert Ost: 23,09 Euro).

1 Wegen beschlossener Rente mit 67 verschieben sich die Angaben ab 2012 jeweils um 2 Jahre

Wer mehr verdient, für den gilt: Eigenes Einkommen über den Freibetrag hinaus wird meist zu 40 Prozent auf die Witwenrente angerechnet (siehe Tabelle).

So viel Einkommen (Auswahl) wird auf Witwenrente angerechnet:

Einkommen	Abzug
Gehalt	40 Prozent
Vorruhestand	40 Prozent
Überbrückungsgeld vom Arbeitgeber	40 Prozent
Gewinn aus selbständiger Tätigkeit	39,8 Prozent
Geringfügige Beschäftigung	20 Prozent
Entgelt bei gleichzeitiger Altersrente	30,5 Prozent
Beamtenbezüge	27,5 Prozent
Krankengeld	Beitragsanteil
Arbeitslosengeld I	0 Prozent
Private Rentenversicherung	12,7 Prozent
Betriebsrente	20–31 Prozent

Quelle: DRV-Bund; Stand: 2008

Anrechnung anderer Einnahmen

Nicht nur Arbeitseinkommen wird auf die Hinterbliebenenrente angerechnet, sondern auch alle anderen Einkünfte wie Kapitalerträge, Miet- oder Pachteinnahmen, private Altersvorsorge-Ansprüche (außer Riester-Verträge). Somit wird die Witwenrente im Zweifel stark gekürzt.

Es kann sogar passieren, dass gar keine Hinterbliebenenrente gezahlt wird, wenn zu viel eigenes Einkommen und Vermögen (zum Beispiel durch Auszahlung einer Lebensversicherung bei Tod des Ehepartners) vorhanden ist. Gesetzlich besteht kein Anspruch auf Hinterbliebenenrente, sondern nur eine »Aussicht«.

Was lohnt an Vorsorge für die Enkel, wenn deren Eltern zu wenig Geld dafür haben?

Versicherer setzen für den Nachwuchs immer noch auf Ausbildungsversicherungen. Die haben jedoch bei Abschluss seit 2005 an Attraktivität eingebüßt, da die Auszahlung nicht mehr steuerfrei ist. Nun sind alle Erträge (ab 60 nur die Hälfte) zu versteuern. Damit wird die Police für viele Eltern unter 40 sinnlos, weil das Geld bei Auszahlung vor dem 60. Geburtstag der Mutter oder des Vaters voll versteuert werden müsste.

Doch da sind ja noch die Großeltern, die als Versicherungsnehmer einspringen können. Aber die Älteren verteuern den Schutz noch mehr: Wegen des höheren Alters und meist schlechterer Gesundheit zahlen Oma und Opa für den gleichen Schutz deutlich mehr als Mutter und Vater. Das schmälert den Ertrag für den Nachwuchs drastisch.

Enkel-Police

Neuerdings lockt die Assekuranz mit so genannten Enkel-Policen. Dabei sorgen die Großeltern für die Enkelkinder vor – für Ausbildung, gegen Berufsunfähigkeit und mitunter auch fürs Alter. Damit reagieren die Versicherer auf oft fehlende finanzielle Mittel der Eltern zur Kindervorsorge (siehe Checkliste).

Worauf Sie beim Abschluss Enkel-Police besonders achten sollten:

- Bietet die Police wirklich umfassenden Schutz? Sind also sowohl Krankenzusatzleistungen, Unfallschutz und Pflegehilfe enthalten?
- Kann ich die einzelnen Bausteine der Police frei zusammenstellen bzw. abwählen, wenn das Kind bereits einzelne Elemente besitzt?
- Können die einzelnen Bausteine zum 18. Lebensjahr vom Kind selbst übernommen oder umgewandelt werden?
- Fällt für die Übernahme der Pflegeversicherung bzw. die Umwandlung in eine BU-Versicherung eine erneute Gesundheitsprüfung an?
- Beinhaltet die Police einen Todesfallschutz, das heißt Beitragsbefreiung bei gleichzeitiger Leistungsübernahme, falls der Versorger stirbt?

Neu dabei ist, dass die Enkel solche Policen irgendwann übernehmen und selber weiterführen können. Zum wichtigen Grundschutz mit Versicherungen zählen solche Policen jedoch nicht.

TIPP

Sparpläne und Bundesschatzbriefe

Eltern oder Großeltern ab 50 tun dem Nachwuchs einen größeren Gefallen, wenn mittelfristig sicheres und gut verfügbares Kapital gebildet wird. Dazu eignen sich Sparpläne bei Banken und Fondsgesellschaften. Selbst mit Bundessschatzbriefen sind inzwischen Sparpläne ab 52 Euro pro Monat möglich (Rendite: 4,76 Prozent; Stand: Juli 2008). Das klappt sogar bei der kostengünstigen Bundesschuldenverwaltung (heißt inzwischen: Finanzagentur) per Online-Konto. Das Antragsformular zur Kontoeröffnung gibt es auch online (www.deutsche-finanzagentur.de).

Was tun, wenn ich zum Pflegefall werde und meine Kinder die Arbeit nicht schaffen?

Zunächst springt die gesetzliche Pflegeversicherung ein. Die gesetzlich festgelegte Leistung reicht aber nur für etwa ein Drittel des Monats – quasi eine Teilkasko-Absicherung, Tendenz fallend (vgl. Seite 86 f.).

Wenn Sie zum Pflegefall werden und Partner oder Kinder die Pflege nicht allein bewältigen, so springt die Versicherung ein: Sie erhalten Hilfe durch eine ambulante Pflegeeinrichtung, mit der Ihre Krankenkasse einen Versorgungsvertrag abgeschlossen hat (Sachleistung). Je nach Bedürftigkeit zahlt die Pflegekasse dafür bis zu 420, 980 oder 1.470 Euro im Monat.

Leistungen der gesetzlichen Pflegeversicherung

Leistungen		Pflegestufe		
		I (1,5 h/Tag)	II (3 h/Tag)	III (5 h/Tag)
		Euro		
häusliche Pflege	Sachleistung[1]	420	980	1.470[3]
	Pflegegeld[2]	215	420	675
Pflege-Vertretung Aufwendungen				
– durch Angehörige	bis zu 4 Wochen	205[4]	420[4]	675[4]
– durch Sonstige	pro Jahr	1.470	1.470	1.470
Kurzzeit-Pflege	Aufwendung p.a.	1.470	1.470	1.470

Teilstationäre Tages- und Nachtpflege	Aufwendung pro Monat	384	921	1.432
Zusatz für Alters-Verwirrte	pro Jahr	bis 2.400	bis 2.400	bis 2.400
vollstationäre Pflege	pauschal monatl.	1.023	1.279	1.470[5]
vollstationäre Einrichtung der Behindertenhilfe	Aufwendung pro Monat	10 Prozent des Heimentgelts, maximal 256		

1 für Pflege-Fachkraft, 2 für Angehörige, 3 im Härtefall bis 1.918 Euro, 4 auf Nachweis bis zu 1.470 Euro für notwendige Aufwendungen; 5 im Härtefall bis 1.750 Euro – alle Angaben in Euro pro Monat; Stand: 1.7.2008

Falls Ehepartner, Kinder oder Nachbarn selbst die Pflege ausüben, gibt es alternativ je nach Bedürftigkeit Pflegegeld – aber deutlich weniger als bei Sachleistung: nur 215, 420 oder 675 Euro im Monat. In den Jahren 2010 und 2012 ist jeweils eine leichte Erhöhung vorgesehen.

TIPP

Pflegegeld ist im Voraus fällig

Pflegegeld muss im Voraus ausgezahlt werden, also zum Monatsbeginn, entschied das Bundessozialgericht (Aktenzeichen 3/1 RK 56/93). Falls damit der Bedarf nicht gedeckt ist, springt zusätzlich das Sozialamt ein.

Da die gesetzliche Pflegeversicherung nicht ausreicht, muss zusätzliche Hilfe her. Wenn meine Kinder oder ein Partner die Arbeit nicht schaffen, lässt sich zum Beispiel mit dem Geld aus der privaten Pflege-Zusatzversicherung zusätzliche Betreuung einkaufen und bezahlen (vgl. Seite 106 f.).

Muss ich mein Vermögen angreifen, wenn das Geld nicht zur Pflege reicht?

Ehepartner und Kinder haften

Reicht das Geld wegen mangelhafter privater Pflege-Vorsorge nicht aus, muss privates Vermögen eingesetzt werden, ehe das Sozialamt einspringt. Das Amt hält sich anschließend aber am Ehepartner oder den Kindern schadlos (Enkel haften nicht!). Den Angehörigen entstehen so sehr schnell Restkosten zwischen knapp 500 Euro (Pflegestufe I) und über 1.600 Euro (Pflegestufe III – ambulant zu Hause) pro Monat. Hochgerechnet auf die durchschnittliche Pflegezeit von acht Jahren müssen Familien also bis zu 146.000 Euro aufbringen.

TIPP

Private Absicherung ist sinnvoll
Ein schwergewichtiges Argument für eine private Absicherung spätestens mit 65: Knapp 5 Prozent der ambulant versorgten Pflegebedürftigen und rund 25 Prozent der stationären Pflegefälle sind heute bereits auf ergänzende Sozialhilfe angewiesen.

Pflegebedürftige Rentner haben Anspruch auf Grundsicherung vom Sozialamt (vgl. Seite 58 f.), sofern eigenes Einkommen und Vermögen sowie Vermögen und von Verwandten in gerader Linie nicht bestritten werden kann (§§ 41 ff. SGB XII). Dieser Anspruch platzt nur in zwei Ausnahmefällen,

- wenn das Einkommen der Eltern oder Kinder jährlich höher als 100.000 Euro liegt,
- wenn die Bedürftigkeit in den letzten zehn Jahren vorsätzlich oder grob fahrlässig herbeigeführt wurde, etwa durch großzügige Schenkungen.

Allerdings wird nicht das komplette Vermögen und Einkommen angerechnet.

TIPP

Welches Vermögen und Einkommen im Pflegefall geschont wird

- Schwerbeschädigtenrente,
- Kinder- und Erziehungsgeld,
- Jahreseinkommen bis 100.000 Euro von Unterhaltsverpflichteten (Kinder; Eltern),
- Geldbetrag bis 2.600 Euro (Single) bzw. bzw. bis zu 3.214 Euro bei Ehepaaren und eheähnlichen Partnerschaften.

Die BGH-Rechtsprechung ist widersprüchlich. Einerseits »darf die Unterhaltsverpflichtung eines Kindes niemals so weit gehen, dass der selbst erarbeitete Status bedroht ist« (Aktenzeichen XII ZR 266/99). Andererseits bittet der BGH erwachsene Kinder doch verschärft zur Kasse, wenn sie ausreichend versorgt sind (Aktenzeichen XII ZR 224/00).

TIPP

Kinder haben Anspruch auf angemessenen Unterhalt

Immerhin müssen Kinder für pflegebedürftige Eltern selbst nicht verarmen, sondern brauchen den »eigenen angemessenen Unterhalt einschließlich einer angemessenen Altersvorsorge nicht zu gefährden«, so der BGH.

Wie finde ich ein gutes Pflegeheim und worauf sollte ich besonders achten?

Altenkranken- und Altenpflegeheim

Ist pflegerische Betreuung erforderlich, eignet sich ein Altenkrankenheim oder Altenpflegeheim. Die Angebote sind regional sehr unterschiedlich, die Nachfrage häufig sehr groß. Fragen Sie daher rechtzeitig beim Sozialamt bei Wohlfahrtsverbänden oder der Kirchengemeinde nach.

Die Wahl des richtigen Heims (Anregungen)

Lage

- Anbindung an den öffentlichen Nahverkehr
- Lärmbelästigung; Natur in der Nähe
- Sicherheit der Wohngegend
- Ist das Zimmer nach Süden ausgerichtet?
- Infrastruktur (Einkauf, Apotheke, Friseur, Massagen)

Bauliche Voraussetzungen

- Angemessene Größe des Zimmers
- Sanitärbereich individuell oder gemeinschaftlich
- Eigene Möbel nutzbar
- Gemeinschaftsräume (Bibliothek, Hobbys, Therapie, Sport, Sauna)
- Küche, Teeküche vorhanden

Pflege und Versorgung

- Ausbildung und Freundlichkeit des Personals
- Standards für Pflege vorhanden (aushändigen lassen)
- Ansprechbarkeit der Verwaltung für Bewohner-Anliegen

Freizeit im Heim

- Angebote oder Einrichtungen in der Nähe
- Kleinbus für Ausfahrten, Besorgungen
- Haustiere erlaubt?

Verpflegung

- Fünf Mahlzeiten täglich
- Getränke in abwechslungsreicher Form kostenlos
- Speiseraum für alle Mahlzeiten
- Beteiligung des Heimbeirats bei Erstellung des Speiseplans
- Auswahl von mindestens zwei Speise-Angeboten
- Salatbuffet, Diätangebote, Frischkost
- Angebot von Vollkornprodukten, fleischloser Kost

Kosten und Verträge

- Vertrag mit den Pflegekassen
- Kosten angemessen und individuell tragbar
- Rechtzeitige Aushändigung des Heimvertrages zur Prüfung
- Probewohnen möglich
- Rechte im Kleingedruckten bei Preiserhöhung

TIPP

Liste über Pflegeheime und Preisvergleich
Die Pflegekassen verfügen über regionale Listen mit Pflegeheimen und müssen auch Preisvergleichslisten aushändigen, aus denen Sie entnehmen können, wie Ihr Heim im Preis-Leistungsverhältnis mit anderen abschneidet.

Wer kann mich in Renten- und Finanzangelegenheiten kostengünstig beraten?

Die gesetzliche Rentenversicherung hat bundesweit Auskunfts- und Beratungsstellen eingerichtet. Dort erhalten Versicherte kostenlosen individuellen Rat. Die Berater dürfen keine Ansprüche verschweigen, um zum Beispiel an der Rentenauszahlung zu sparen.

TIPP

Versicherungsberater und Versicherten-Älteste

Versichertenberater sowie Versicherten-Älteste sitzen meist in Ihrer unmittelbaren Nachbarschaft. Sie sind selbst Mitglieder der Rentenversicherung, kennen die Probleme und werden für die Beratung regelmäßig geschult. Adressen erfahren Sie telefonisch (kostenlos unter 0800 10 00 480 70) oder im Internet (www.deutsche-rentenversicherung-bund.de).

Experten einschalten

Die Rentenkasse hat aber nicht immer Recht. Das beweisen zahlreiche Verfahren vor Sozialgerichten, wo Rentner fast jeden zweiten Fall gewinnen. Wer aus dem Rentenbescheid nicht schlau wird, sollte unverzüglich Experten einschalten. Kostenlose Hilfe bieten Gewerkschaften oder der Sozialverband VdK Deutschland, allerdings nur für Mitglieder.

Rechtsanwälte sind in Rentensachen meist überfordert und überlassen dieses spezielle Gebiet den privaten Rentenberatern, die von der komplizierten Materie am meisten verstehen.

Was private Rentenberater leisten und kosten

Leistung: Sie beraten zu allen Fragen rund um die gesetzliche Rente wie Kontenklärung, Rentenantrag, Durchsetzung von Renten, Widerspruchsverfahren, Vertretung vor dem Sozialgericht.

Kosten: Die Erstberatung kostet zwischen 75 und 190 Euro. Sie reicht meist aus, um die wichtigsten Dinge zu klären. Sind zusätzliche Arbeiten nötig, sollte gleich zu Beginn das Honorar festgelegt werden. Bei komplizierten Fällen kann der Rentenberater bis zu 800 Euro kosten.

Wo zu finden: Die meisten der rund 600 privaten Rentenberater sind im Bundesverband der Rentenberater organisiert, der auf Anforderung eine Anschriftenliste verschickt.

Widerspruch gegen den Rentenbescheid

Rentenberater können Ihnen nach Durchsicht der Unterlagen auf alle Fälle sagen, ob ein Widerspruch gegen den Rentenbescheid lohnt. Sind Sie dabei erfolgreich, steht Ihnen neben der höheren Leistung auch die Erstattung aller notwendigen Aufwendungen (samt Anwalt oder Rentenberater) zu.

TIPP

Verbraucherzentralen beraten bei Geldanlagen und Versicherungen

In Sachen Geldanlage sowie Versicherungen ist die örtliche Verbraucherzentrale ein guter Ansprechpartner (www.vzbv.de).

Kapitel 6
Früher in Rente – Wie sieht der Lebensentwurf nun aus?

Die Planungen für den vorzeitigen Ausstieg aus dem Beruf und Einstieg in den Ruhestand scheinen geglückt – wie sieht der Lebensentwurf nun aus? Wenn die lang ersehnte Zeit der Entspannung da ist, warten neue Herausforderungen.

Im Folgenden erfahren Sie Details und Anregungen für das Leben nach der Berufstätigkeit. Auch was bei Weiterbildung möglich oder im Ehrenamt zu beachten ist. Vielleicht liebäugeln Sie nach größerer Pause auch noch einmal mit einer Nebenbeschäftigung.

Was kann mein Leben ausfüllen?

Wer mit 60 ein neues Leben beginnt, muss genau wissen, was er mit seiner Zeit anfangen will. Sonst ist er womöglich binnen kurzem wieder da, wo er aufgehört hatte – im Job.

Wenn plötzlich der Stress des Arbeitsalltags entfällt, merken viele, dass der Wunsch nach Entspannung sich nicht von selbst verwirklicht. Statt Entspannung zu fühlen, stehen sie weiter unter Anspannung. Doch auch Entspannung lässt sich lernen.

TIPP

Verreisen Sie

Am besten, Sie verreisen zum Berufsausstieg genau so, wie Sie es viele Jahre lang mit Ihrem Jahresurlaub gehalten haben. Damit ist der Übergang vom Unruhe- in den Ruhestand nicht so abrupt.

Falls Sie hinterher immer noch unter Hochspannung stehen, hilft die Beschäftigung mit den Dingen, auf die Sie sich schon lange gefreut hatten, für die aber immer die Zeit fehlte.

Was tun in der vielen freien Zeit?

- Zeitaufwendige Hobbys vertiefen (von Gartenarbeit bis Segeln);
- mehr gemeinsame Freizeitaktivitäten mit Familie und Freunden;
- Kennen lernen näherer Umgebung, bislang unbekannter Stadtteile, Kulturstätten, Vortragsreihen;

- ungestört Lesen und das schöne Wetter auch von Montag bis Freitag genießen (Sonnenbad, Schwimmen, Radfahren);
- Vertiefung spezieller Wissensgebiete (Volkshochschule, Uni, Internet);
- gesundheitliche Probleme auskurieren (endlich zur Kur fahren);
- inneres Gleichgewicht wieder finden;
- neue Kontakte, Freundschaften schließen;
- neue Wirkungskreise erschließen, in denen Sie Dinge vorantreiben können (Ehrenamt, Nebenbeschäftigung);
- gelegentliche Betreuung des Enkels, für den mehr Zeit verfügbar ist als früher;
- Vermögensverwaltung in eigene Hände nehmen (tägliche Beschäftigung mit der Börse).

Diese grobe Auswahl soll nur das riesige Spektrum der Möglichkeiten andeuten. Der eine mag in der Garage Oldtimer zu neuem Leben erwecken, ein anderer malen oder sich endlich in der Kunst des Kochens unterweisen lassen. Verschiedene Bauernhöfe bieten inzwischen Schnellkochkurse speziell für Männer an, die damit zugleich der Reiselust frönen können.

TIPP

Entspannungsübungen

Lässt die Anspannung zu Beginn des vorgezogenen Ruhestandes trotz intensiver Beschäftigung mit bislang vernachlässigten Hobbys über Wochen und Monate nicht deutlich nach, bieten sich speziell auf Ihre persönliche Situation zugeschnittene Trainingsempfehlungen zur Entspannungsübung an. Sprechen Sie in Ruhe mit dem Hausarzt darüber.

Kann ich mich ungehemmt weiterbilden und sogar noch mal studieren?

Was für viele beruflich Eingespannte völlig unverständlich klingt, hat bei immer mehr Ruheständlern hohe Priorität: Weiterbildung auf individuell wichtigen Gebieten, die während des Berufslebens zu kurz kam. Beispiel Studium: An deutschen Hochschulen studieren rund 15.000 Menschen, die 60 Jahre und älter sind.

TIPP

Volkshochschule

Ein guter Einstieg könnte die Volkshochschule sein: Mehrere Kurse richten sich speziell an Senioren, um bei der Neuorientierung in der dritten Lebensphase zu helfen, neue soziale Kontakte zu vermitteln und die Diskussion um eine zeitgemäße Altenpolitik anzuregen.

Soll es noch mal ein richtiges Studium sein, so bieten sich drei Studienformen an: ordentliches Studium, Gasthörerstudium und Seniorenstudium.

Studienformen für Senioren

Ordentliches Studium: Es handelt sich um ein reguläres Hochschulstudium, das an formale Zugangsberechtigungen (Abitur) gebunden ist. Damit können Senioren an allen deutschen

Universitäten studieren, wie bei jungen Leuten womöglich mit Zugangsbeschränkungen, Leistungsnachweisen und Hochschulprüfung zum Abschluss. Beachten Sie, dass in einigen Bundesländern Studiengebühren zu zahlen sind.

Gasthörerstudium: Es dient der Weiterbildung auf einzelnen Studiengebieten – ohne Prüfungen oder Abschluss. Abitur ist zumeist keine Bedingung (außer vielfach in Bayern). Man muss das Studium selbst planen; Betreuung und Studienbegleitung durch die Hochschule sind nicht vorgesehen (aber mit Kontaktstelle zur Organisation an der Hochschule). Dort gibt es auch Informationen über Zulassung, Immatrikulation Studiengebühren und Zertifikate.

Seniorenstudium: Hier handelt es sich um ein spezielles Gasthörerstudium. Man schreibt sich als »besonderer Gasthörer« ein. Inhalt und Dauer des Studiums werden in der Regel nicht vorgegeben. Die Hochschule unterstützt diesen Studiengang zumeist durch spezielle Beratungs-, Orientierungs- und Begleitveranstaltungen für Senioren. Häufig gibt es ein spezielles Vorlesungsverzeichnis. Wie beim »normalen« Studium auch müssen Sie sich einschreiben bzw. anmelden (Immatrikulation). Zumindest ist eine Zulassung als Gasthörer erforderlich, zumeist bei der Studienabteilung der Hochschule (Anmeldung ist jedes Semester neu vorzunehmen). Fast alle Hochschulen verlangen Studiengebühren (kostet oft zwischen 20 und 60 Euro pro Semester).

TIPP

Wichtige Informationen

Wichtige Informationen bietet die Bundesarbeitsgemeinschaft Wissenschaftliche Weiterbildung für Ältere (Tel. 0202 4392165).

Ehrenamt – welche Spielregeln gelten finanziell und rechtlich?

Es gibt ein schier unendliches Angebot an Ehrenämtern. Dazu zählen nicht nur die unterschiedlichsten Vereine und Vereinigungen, sondern auch zahlreiche kommunal ausgerichtete Aktivitäten. Informationen bieten die Bürgerämter, aber auch das Internet (www.ehrenamtsportal.de).

Unfallschutz

Auch wer sich freiwillig in Rettungsorganisationen engagiert, genießt Schutz gegen Unfälle. Beispiele: Angehörige der Freiwilligen Feuerwehr, ehrenamtliche Mitarbeiter des DRK, des Arbeit-Samariter-Bundes oder der DLRG Lebensrettungsgesellschaft. Den Versicherten werden auch Sachschäden ersetzt. Das kann zum Beispiel ein Handy sein, das bei der Rettung von Ertrinkenden verloren geht.

Versicherungen

Geht das nicht, greifen in vielen Fällen die so genannten Ehrenamts-Versicherungen. Das sind Sammelverträge, die mittlerweile die meisten Länder abgeschlossen haben, um insbesondere denjenigen einen Minimalschutz zu gewähren, die keinen privaten oder gesetzlichen Unfallschutz haben.

TIPP

Überblick über Versicherungen im Internet
Für diese Ehrenamts-Versicherungen muss kein Beitrag entrichtet werden, sie bieten regional unterschiedliche Leistungen. Einen lückenhaften Überblick gibt es im Internet (www.buerger-engagement.de). Alternative: Der Träger schließt eine Gruppen-Unfallversicherung für haupt- und ehrenamtliche Mitarbeiter ab.

Sicherheit im Ehrenamt

Wer haftet?

- Hat der Träger eine Vereins- oder Betriebs-Haftpflichtversicherung abgeschlossen?
- Sind dort auch die Ehrenamtlichen abgesichert?
- Müssen Ehrenamtliche bei grober Fahrlässigkeit mit Regressforderungen des Trägers rechnen?

Was passiert bei einem Unfall?

- Hat die Einrichtung eine private (Gruppen-)-Unfallversicherung auch für die Ehrenamtlichen abgeschlossen?
- Wenn ja: Wie hoch sind die Versicherungssummen?

Einnahmen aus dem Ehrenamt

Ganz umsonst muss ehrenamtliche Tätigkeit nicht sein: Wer in seiner Freizeit als Übungsleiter, Ausbilder, Erzieher, Künstler oder Pfleger (alter, kranker oder behinderter Menschen) tätig ist, kann bis zu 2.100 Euro pro Jahr steuerfrei kassieren. Voraussetzung: Träger ist eine öffentliche Körperschaft oder ein gemeinnütziger Verein (insbesondere Sportverein).

Nebenbeschäftigung – was muss ich beim Geldverdienen ab 65 bzw. 67 beachten?

Wer schon vor dem Alter von 65 bzw. künftig 67 Jahren Anspruch auf die volle Rente hat, aber noch arbeiten möchte, darf nur sehr wenig hinzuverdienen oder muss sich Abstriche an der vollen Rente gefallen lassen. Ungestraft darf man höchstens 400 Euro hinzuverdienen (vgl. Seite 30 f.).

Ist die Arbeit einträglicher, so wird sofort die volle Rente in eine Teil-Rente umgewandelt. Je nach Arbeits-Einkommen werden dann nur ein Drittel, die Hälfte oder zwei Drittel der vollen Rente ausgezahlt; der Rest verfällt.

! Unbegrenzt hinzuverdienen

Anders ab 65 bzw. künftig 67: Altersrentner können dann unbegrenzt hinzuverdienen und bekommen doch immer die volle Altersrente (vgl. Seite 32 f.). Das Thema Teil-Rente ist dann ein für alle mal vom Tisch.

Konsequenzen der Nebenbeschäftigung über 65 hinaus

Wird trotz der Chance auf Regelaltersrente noch teilweise gearbeitet und damit noch ein Teilzeiteinkommen erzielt, erhalten Sie die volle Altersrente, abzüglich der Beiträge für Kranken-

und Pflegeversicherung (individuell wird über die spätere Einkommensteuererklärung Einkommensteuer fällig). Liegt das Teilzeit-Einkommen über 400 Euro pro Monat, so sind dafür auch Beiträge zur Sozialversicherung fällig.

Liegt das Gesamteinkommen unter 400 Euro pro Monat, so sind Sie trotz Minijob versicherungsfrei. Lediglich der Arbeitgeber zahlt dann Rentenbeitrag (Höhe: 15 Prozent). Damit erhöht sich jedoch der Anspruch auf Altersrente nicht!

Wenn jemand über die Regelaltersgrenze hinaus arbeitet und zudem Anspruch auf weitere Renten hat, muss er mit massiven Einbußen bei diesen Renten rechnen, falls er weiter berufstätig bleibt. Beispiel Hinterbliebenenrente: Gezahlt werden überwiegend 60 Prozent von den Rentenansprüchen des verstorbenen Ehepartners (bei Witwen unter 45 ohne Kind unter 18 Jahren nur 25 Prozent).

Hinterbliebenenrente

Hinterbliebene mit eigenem Einkommen erhalten aber nur anteilig Witwenrente. Ungefähr dürfen Sie 695 Euro verdienen (im Osten: 610 Euro), ohne dass die volle Witwenrente in Gefahr gerät. Wer mehr verdient, für den gilt: Eigenes Einkommen über den Freibetrag hinaus wird zu 40 Prozent auf die Witwenrente angerechnet. Der Freibetrag gilt nicht nur für Arbeitseinkommen, sondern es werden auch alle anderen Einkünfte wie Kapitalerträge, Miet- oder Pachteinnahmen, private Altersvorsorge-Ansprüche (außer Riester-Verträge) angerechnet. Somit wird die Witwenrente im Zweifel stärker gekürzt.

Es kann sogar passieren, dass gar keine Hinterbliebenenrente gezahlt wird, wenn zu viel eigenes Einkommen und Vermögen (zum Beispiel durch eine Lebensversicherung).

Stichwortverzeichnis